LA MAISON DE LA RADIO

Ce coffret, publié à l'occasion des cinquante ans de la Maison de la Radio, a reçu le soutien de :

RADIO FRANCE

Jean-Luc Hees
Président-directeur général

Catherine Sueur
Directrice générale déléguée

Nadim Callabe
Directeur général adjoint
Réhabilitation

Magali Fourmaintraux
Directrice des Éditions

Pascal Delannoy
Journaliste

Frédéric Michel
Iconographe

Emmanuelle Bordereau
Architecte

SOMOGY ÉDITIONS D'ART

Gilles-Antoine Langlois
Rédacteur

Vanessa Titzé
Conception graphique

Astrid Bargeton, Céline Guichard et Laurence Verrand
Coordination éditoriale

Anne-Marie Valet
Contribution éditoriale

Michel Brousset, Béatrice Bourgerie et Mélanie Le Gros
Fabrication

ISBN 978-2-7572-0760-4
Dépôt légal : décembre 2013
Imprimé en Italie (Union européenne)

LA MAISON DE LA RADIO

2013

Photographies : Christophe Abramowitz

radio france éditions

SOMOGY ÉDITIONS D'ART

J'ai toujours été fasciné par cette interpellation du général de Gaulle le jour où il a inauguré la Maison de la Radio, il y a cinquante ans: «À tant d'idées, de mots, d'images, de sons lancés sur les ondes merveilleuses... fallait-il une maison?». À l'évidence, oui.

Et ce discours magistral, un demi-siècle plus tard, n'a pas pris une ride. Car ce projet extravagant d'une maison ronde sous le crayon de l'architecte Henry Bernard a rempli intensément son office. Oui, la Maison de la Radio est la maison des idées. Et même si parfois on s'hypnotise sur le fait qu'elle tourne sur son axe, circularité oblige, je ne cesse de m'émerveiller de la variété et de la densité de ses productions: information, fictions, musique, documentaires, créations de toutes sortes, de tous formats. Nous sommes viscéralement attachés à sa folie géométrique. Nous avons tous pesté contre le dédale de ses couloirs, nous avons tous trouvé le temps très long parfois d'un bureau à un studio, nous avons tous éprouvé les effets du syndrome qui consiste à tourner et tourner encore dans la lumière glacée des néons. Mais quelle merveille que le studio 104, ou le 168, ou le 134 ou le 154, autant de lieux où nous avons commis tant d'émissions, tant d'événements, tant de paris.

Quelle étrange culture habite encore ces lieux, la radiale, la tour centrale, les sous-sols où Fellini s'est un jour égaré? Quels échos résonnent en nous lorsqu'on parcourt les foyers, lorsqu'on emprunte ces escaliers tous semblables, quel curieux privilège vit-on lorsqu'on pousse les battants de la porte B, ou C, ou F? Quel monde étrange et rassurant, quel lieu unique et familier, quelle meilleure représentation de nos métiers, de notre originalité, de nos ambitions, de nos rêves, de nos difficultés et de nos réussites? Personne, à ma connaissance, n'est indifférent à cette géographie modelée il y a cinquante ans et revisitée par les technologies les plus modernes depuis bientôt cinq années. Personne.

Ce «palais gruyère», brocardé parfois pour son gigantisme, constitue notre antre, notre tanière, notre foyer, notre inspiration à poursuivre notre mission modeste et glorieuse de service public de la radio. Nous sommes des radicaux, des obsessionnels de la radio et de la musique. C'est là que nous vivons, dans ce bâtiment étrange qui a entamé sa mue, sa rénovation, sa réhabilitation. Aimez-le comme nous l'aimons. Découvrez-le comme nous le découvrons encore. La Maison de la Radio ressort de sa chrysalide, redéploie ses nouveaux outils numériques, rouvre ses fenêtres sur Paris et le monde. Et nous sommes très fiers d'appartenir à son univers. De Gaulle décidément avait raison: «la radio est une action humaine, autrement dit collective... C'est la foi, l'espoir et la fraternité». Et cet homme, s'agissant de radio, savait, je crois bien, de quoi il parlait.

Jean-Luc Hees
Président-directeur général
de Radio France

Depuis cinquante ans, la Maison de la Radio représente dans notre imaginaire collectif le symbole de « la Radio ». L'enjeu est bien aujourd'hui de préserver ce symbole, mais en profitant de l'opportunité offerte par les travaux nécessaires à sa mise en sécurité pour améliorer les usages et adapter les moyens de production radiophonique à l'évolution des technologies.

À l'extérieur, la « Maison ronde » conserve son image urbaine avec ses façades circulaires en aluminium et continue d'affirmer son autonomie comme manifeste de « la » modernité. Mais l'ensemble de ses abords est modifié afin de mettre en scène le bâtiment au centre d'un grand parvis paysager, en résonance avec la ville.

Cependant, à l'intérieur, les transformations sont importantes, car il fallait résoudre les difficultés de repérage et repenser les circulations générales. La nef, grande rue intérieure, souligne l'axe central depuis le hall actuel et permet de traverser le bâtiment de part en part. Des passerelles radiales de 32 mètres implantées au 5e niveau permettent de relier le centre à la périphérie du bâtiment et offrent de multiples possibilités de parcours. Mais surtout l'agora centrale, au pied de la tour, devient le nouveau cœur de la Maison, renforçant ainsi l'unité de l'ensemble et favorisant la cohésion de toutes les fonctions de l'édifice. Car dans ce moment où priment rapidité et instantanéité, où ondes et réseaux relient le monde, les cheminements doivent eux aussi être plus fluides.

Enfin, la transformation la plus emblématique est la création de la grande salle de concert, à la place des studios 102 et 103. Cette salle symphonique unique, où public et musiciens se trouveront dans une grande proximité, en symbiose avec la musique, sera un nouveau lieu majeur sur la scène parisienne, symbole de l'ouverture de Radio France vers son public, vers ses auditeurs et vers la ville...

AS.Architecture-Studio
septembre 2013

Travaux de l'auditorium. Dans cette salle de 19 000 m³, la musique est au centre, et le public tout autour.

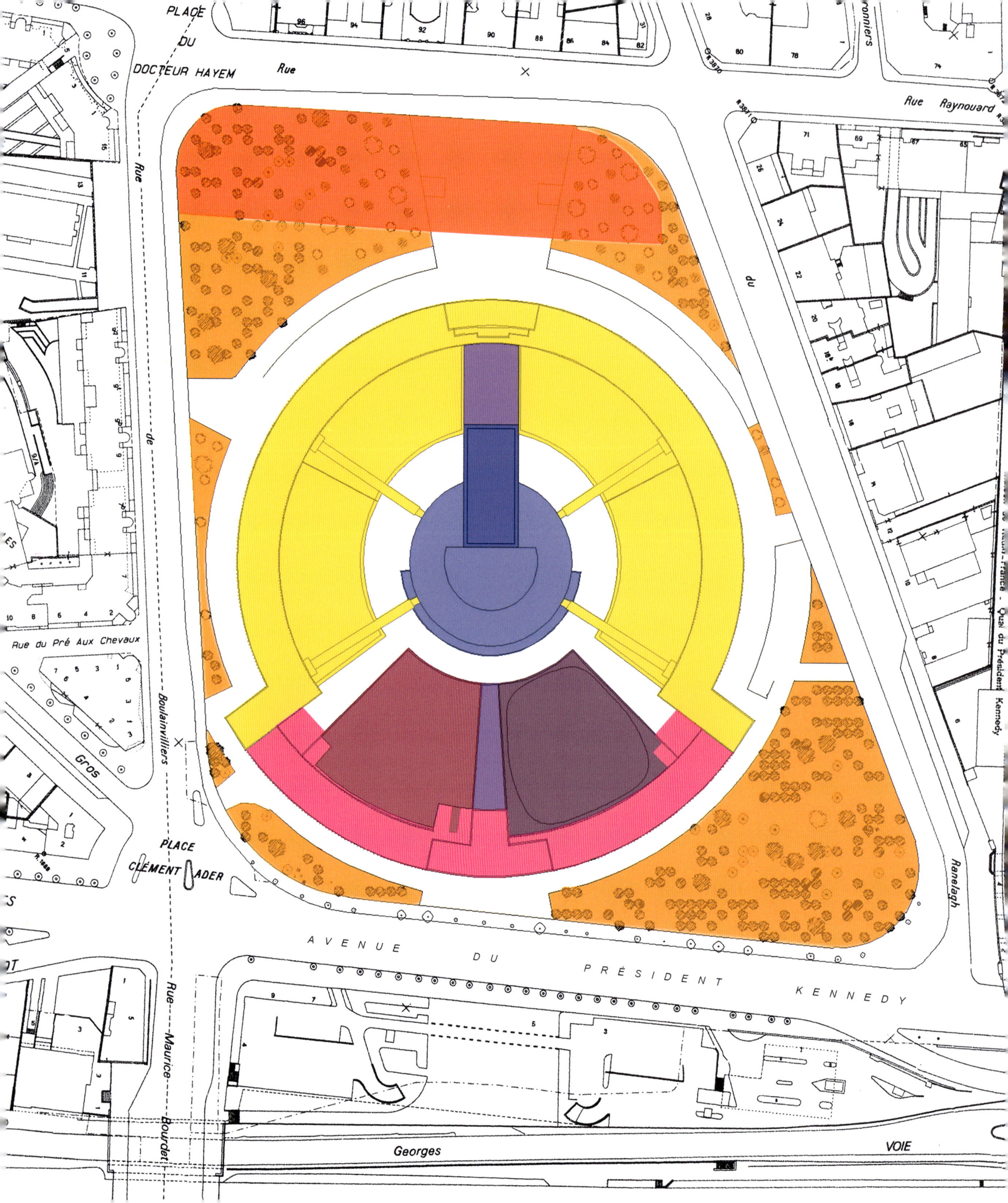
PLACE DU DOCTEUR HAYEM
Rue
Rue Raynouard
du
Rue de Boulainvilliers
Rue du Pré Aux Chevaux
Gros
PLACE CLÉMENT ADER
AVENUE DU PRÉSIDENT KENNEDY
Rue Maurice Bourdet
Ranelagh
Quai du Président Kennedy
Georges
VOIE

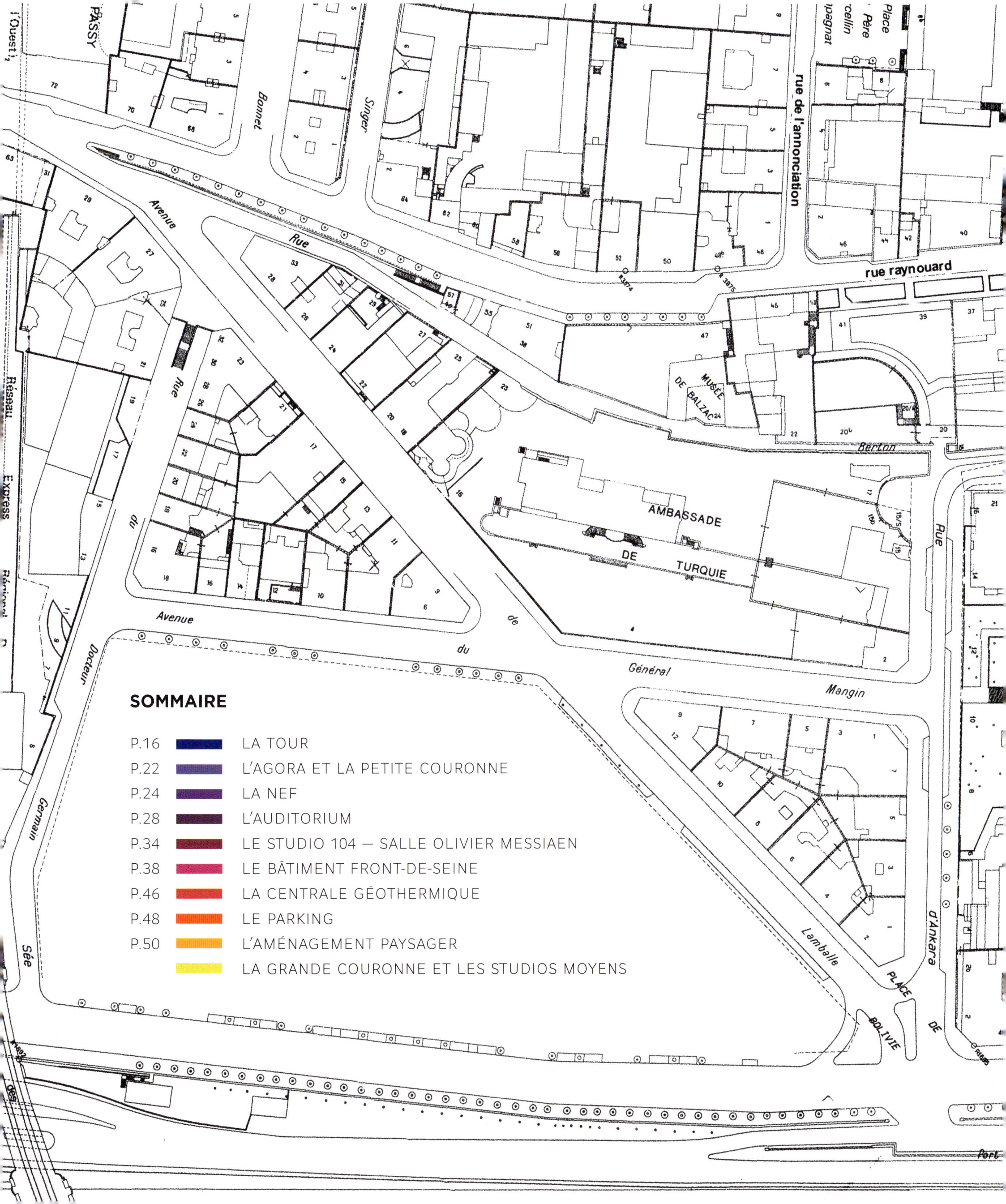
PASSY
Bonnet
Singer
rue de l'annonciation
Place
Père
rue raynouard
Rue
Avenue
Rue
du
MUSÉE DE BALZAC
Berton
AMBASSADE DE TURQUIE
Rue
d'Ankara
Avenue
du
Docteur
Germain
Sée
Avenue
de
du
Général
Mangin
Lamballe
PLACE DE BOLIVIE
Réseau
Express
Port

SOMMAIRE

c'est bien
la première fois
que nous avons
quelque chose
à vous cacher
france inter
france info
france bleu
france culture
fip
le mouv
france musique
chœur de radio france
maîtrise de radio france
orchestre philharmonique de radio france
orchestre national de france

MÉTAMORPHOSE D'UNE ARCHITECTURE PARLANTE

En 2003, la préfecture de police de Paris enjoint Radio France de mettre en conformité son bâtiment emblématique, la Maison de la Radio, inaugurée en 1963. Selon un diagnostic de sécurité, ses structures en métal s'écrouleraient en effet au bout de dix-sept minutes en cas d'incendie..., délai bien trop court pour garantir la complète évacuation du public et du personnel. De plus, le classement de la tour et de la grande couronne parmi les immeubles de grande hauteur (IGH) exige une mise aux normes. Une première décision est prise, d'une importance fondamentale : la Maison de la Radio restera quai du Président-Kennedy. Le président de Radio France, les personnels de la Maison et les équipes de la future maîtrise d'ouvrage conçoivent alors les grandes lignes d'une réhabilitation d'autant plus ambitieuse que les travaux doivent être réalisés sans que ne cesse la production des émissions de Radio France sur le site même. On imagine le tour de force acoustique et la difficulté du phasage des opérations...

PROGRAMME

L'objectif du nouveau programme est double : d'abord, accroître la sécurité du bâtiment, mais aussi proposer son ouverture plus large au public, et son intégration plus forte dans la ville. Ainsi, la réglementation des IGH interdisant de garer des véhicules à moins de huit mètres de la façade, un parking souterrain est construit pour le personnel et pour le public allant au concert. Un auditorium magistral est créé, doublant le studio 104-salle Olivier Messiaen et devenant la salle de prestige des quatre formations musicales de la Maison. La démolition des planchers au cœur de la petite couronne laisse place à l'agora. Du côté de la tour, la déconstruction d'un étage sur deux ménage des doubles-hauteurs plus lumineuses. Il s'agit aussi d'une expérience nouvelle de rénovation d'un bâtiment de patrimoine moderne. Le dessin d'Henry Bernard, d'une grande force expressive, doit être respecté et guide inéluctablement l'évolution de ses espaces. Son plan rationnel, la qualité des matériaux employés (fer, béton, verre, mosaïques, aluminium), tout relevait déjà en 1963 à la fois d'une architecture néoclassique et d'une expression moderne et abstraite. Les transformations portent donc essentiellement sur les fonctions des différentes parties de la maison, mais l'allure générale reste la même. Enfin, ouvrir plus largement au public les portes de la Maison de la Radio, c'est aussi réfléchir à ses missions et ses activités. Faire de

Travaux de la tour et de la petite couronne : couverture par une bâche durant la mise à nu des structures.

1

la radio, bien sûr! Mais également densifier la production de concerts, d'émissions publiques, d'expositions, d'ateliers pédagogiques. La nouvelle Maison a pour ambition de devenir un lieu d'étonnement culturel et de transmission aux jeunes générations. Elle est conçue non pas en opposition à l'ancienne, mais en amplification de ses qualités: faciliter son accès, diversifier son activité culturelle et moderniser les outils de production de ses studios, reconnus parmi les meilleurs du monde.

PROJET

Un concours est organisé en décembre 2004, au terme duquel le projet de l'agence AS.Architecture-Studio est retenu, le 19 avril 2005. L'architecte a su formuler des propositions audacieuses et contemporaines: nouveaux lieux de rencontre (agora, grand hall), de circulation (nef, passerelles) et d'espaces publics (jardin, auditorium). L'aventure millimétrée du chantier commence en 2005. L'architecte a notamment pour contrainte de garantir la modernisation technologique de la Maison, tout en veillant à limiter au maximum la consommation d'énergie du bâtiment. Toutes les ossatures métalliques sont curées puis recouvertes d'un enduit pare-feu. La centrale thermo-dynamique est entièrement rénovée et déplacée, libérant ainsi les deux niveaux les plus élevés de la tour, 21e et 22e étages. La circulation est facilitée et rationalisée, les panneaux de façade de la tour sont revus pour améliorer le bilan énergétique, la luminosité et la sécurité de l'ensemble. Au secret et à une certaine rigidité de l'ancienne Maison, où l'on ne savait pas toujours, parmi ses trajectoires circulaires, si l'on se situait en étage ou en sous-sol, AS.Architecture-Studio préfère les effets dynamiques. Comme un instrument bien accordé, l'auditorium a remis la musique à la bonne place dans la Maison ronde. Mais il y a plus. Le renouvellement de ce cadre de travail implique une modernisation des studios, notamment en les dotant d'ouvertures sur la Seine: l'ancienne Maison tournée vers son centre se retourne ainsi vers la ville... Il s'agit rien de moins que de bâtir une nouvelle Maison sur elle-même.

2

PROMENADE

Pour mieux prendre la mesure du projet, transportons-nous quelques années dans le futur, et allons de la rue Raynouard à la Seine, en traversant la nouvelle Maison de Radio France. Tout paraît nouveau bien qu'il s'agisse du même bâtiment. Un grand parvis s'ouvre entre deux espaces plantés; au-dessous, le nouveau parking sur cinq niveaux souterrains. Entrons: passant sous la radiale puis sous la tour, une rue intérieure mène à un vaste espace central, ou agora, couvert d'une verrière transparente. Au dessus, dans les étages, seul le personnel a accès aux bureaux situés dans la tour (à son sommet, une grande salle de réunion ouverte sur la Seine), aux studios mutualisés de la petite couronne et à son jardin intérieur à ciel ouvert. Poursuivons: de l'autre côté de cet espace central, c'est une nef couverte d'une verrière qui s'ouvre pour déboucher dans le grand hall rénové. À droite, le studio 104-salle Olivier Messiaen a été entièrement transformé, il s'y donne des concerts accueillant des genres musicaux éclectiques, jazz, rock, hip-hop... À gauche s'ouvre l'auditorium, splendide salle de près de 1 400 places conçue pour la musique classique, si singulière avec son orchestre placé au centre et ses gradins revêtus de bois. Dans le grand hall rendu à sa splendeur d'origine, admirons la décoration et les œuvres d'art restaurées de l'ancienne Maison. Sortons du bâtiment par le grand hall: aujourd'hui, la porte A est ouverte. Le bâtiment compte six entrées, dont l'ouverture dépend des événements du jour dans la Maison ronde. La forêt est encore très jeune et il faudra attendre le développement des centaines d'arbres plantés tout autour. Mais les sentiers, les herbages et les clairières sont déjà là, atténuant le bruit de la circulation et conduisant jusqu'aux berges de la Seine. Auparavant tournés vers l'intérieur, les studios laissaient sans voix les façades de la Maison. Désormais, les nouveaux studios sont ouverts à la lumière de la ville, peut-être plus attentifs encore à toutes les expressions du monde. La nuit, des fenêtres s'allument tout autour de la Maison: émissions en cours.

1 Le pied de la tour semble plonger dans l'agora et passer au travers de la verrière qui la couvre.

2 Travaux dans les studios du bâtiment Front-de-Seine: de nouvelles ouvertures sur la ville.

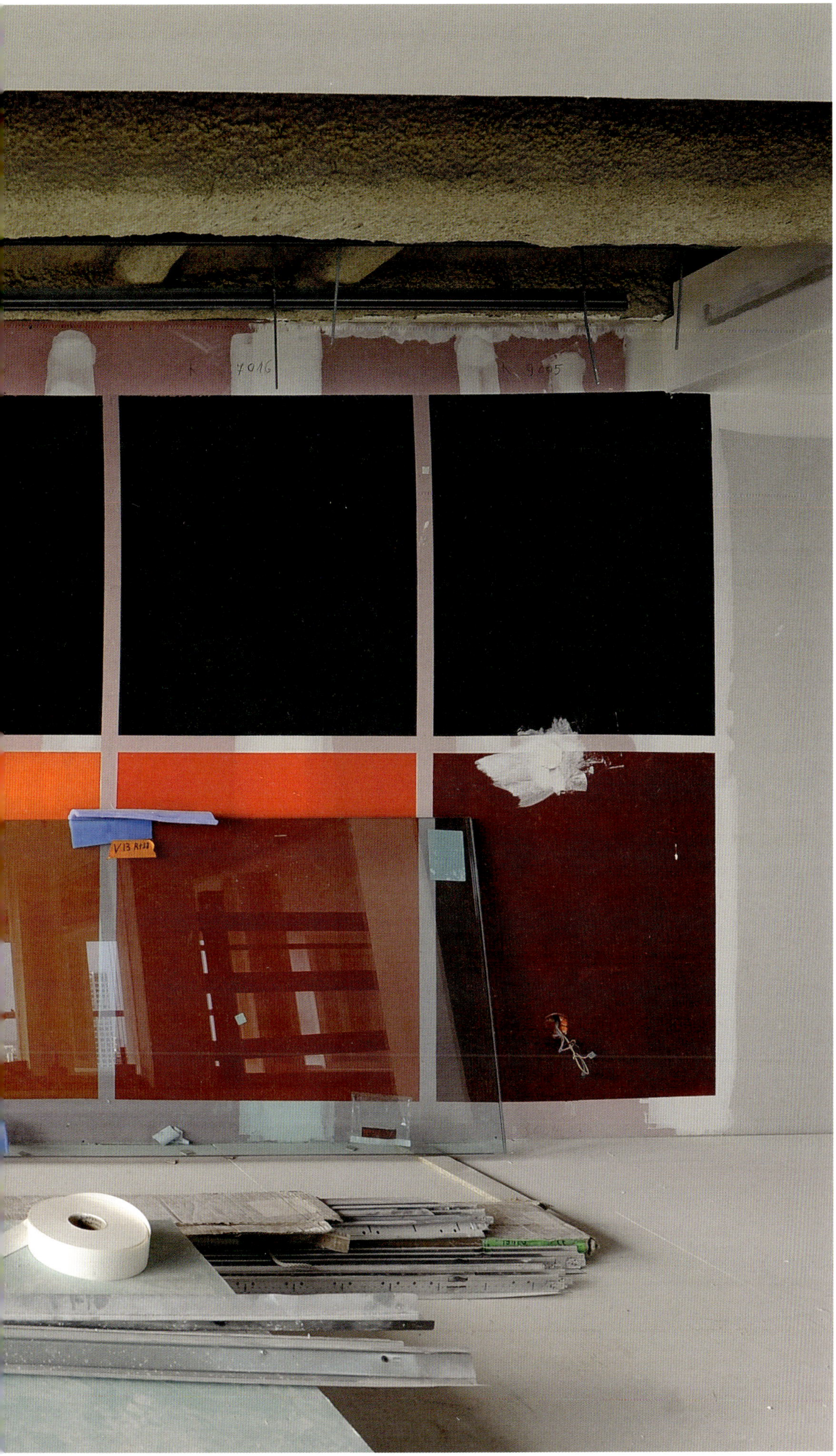

LE NOUVEAU PRINCIPE DE COULEUR

Henry Bernard avait adopté des couleurs froides (noir des mosaïques, gris aluminium des panneaux de façade de Jean Prouvé, blanc de la tour), ponctuées par les couleurs des œuvres d'art disposées à l'intérieur du bâtiment. Cinquante ans plus tard, AS.Architecture-Studio a opté pour des bétons bruts, des plâtres blancs, et une gamme colorimétrique chaude allant du rouge au jaune, la couleur s'éclaircissant à mesure que l'on s'éloigne de l'agora. Ainsi, l'on passe du bordeaux au jaune ou vice versa sur une centaine de mètres, de l'agora au sommet de la tour (68 mètres), ou encore de l'agora au niveau du parking le plus bas, situé à 30 mètres de profondeur. Si ce principe rigoureux finira probablement par ne plus être remarqué à force d'habitude, il présente cependant l'avantage de distinguer de prime abord ce qui tient de l'œuvre d'origine réhabilitée et ce qui relève de l'intervention nouvelle d'AS.Architecture-Studio. Une façon de dater discrètement un immense chantier, dont beaucoup d'aspects sont quasiment imperceptibles au regard.

La gamme de couleurs du projet.
En haut, les tons de gris.
En bas, les tons colorés.

LA TOUR

1

2

3

Henry Bernard l'appelait « la tour des collections » ou encore « le donjon de la culture », car la tour de Radio France était initialement un espace attribué aux archives de la Maison. Elle comptait quatorze niveaux sommitaux bas de plafond, destinés à l'entrepôt de données. Après son évacuation à l'automne 2003, la tour vidée de ses archives et du CDM (centre de modulation) est enserrée par 550 tonnes de tubes d'échafaudages et, en 2006-2007, recouverte d'une bâche de 11 000 mètres carrés. La mise à nu de la structure, le désamiantage de la façade, la pose de la nouvelle façade et les travaux intérieurs débutent en juin 2008 et s'achèvent en octobre 2011. Les quatorze anciens niveaux ne forment plus que sept planchers. L'architecte a en effet choisi la solution la plus élégante et la plus économique pour donner une hauteur de plafond confortable aux nouveaux étages. Des espaces de bureaux, mezzanines et salles de réunion en demi-hauteur ont été créés, desservis par des escaliers et ascenseurs respectant la « circulation protégée » requise par la norme IGH (immeuble de grande hauteur). Le CDM, organe de la diffusion des antennes de Radio France, est désormais décentralisé sur trois sites en sous-sol, dans la grande couronne. Enfin, l'architecte a revu la modénature de la tour – cette proportion des créneaux de la façade qui détermine les jeux d'ombre et de lumière – sans dénaturer l'esprit du bâtiment dessiné par Henry Bernard. Ainsi, il a imaginé une double peau agrafée à l'ossature : l'enveloppe intérieure est composée d'une trame très largement vitrée, tandis que l'enveloppe extérieure est constituée de profils d'apparence identique aux anciens, à ceci près que les bâtis dormants sont dessinés en triangle, augmentant ainsi les vues sur l'extérieur.

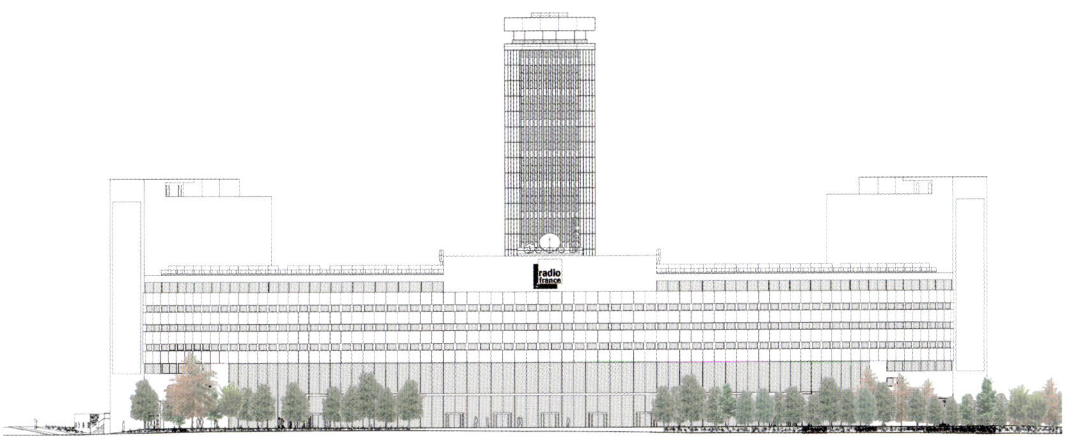

4

1 La tour bâchée et, au premier plan, le filet de protection de la verrière de l'agora en construction.

2 Les brise-soleil en aluminium, en forme de triangles inversés, permettent l'apport de lumière naturelle nécessaire à des surfaces de bureaux.

3 Détail de la façade de la tour.

4 Premier plan de la façade de la Maison de la Radio vue depuis la Seine.

1 Travaux de la tour : la structure verticale et les planchers mis à nu.

2 La structure métallique de la tour et son habillage coupe-feu.

3 Les nouveaux escaliers de la tour.

4 Vue sur une double-hauteur de la tour depuis le « balcon » du niveau intermédiaire.

« La Maison de la Radio rouvre ses fenêtres sur Paris et sur le monde. »

JEAN-LUC HEES

4

1

1 Le plateau de la salle du 22e étage, en (re)construction.

2 La grande salle de réunion est ouverte sur trois côtés. La couleur jaune du plafond matérialise le sommet de la tour.

3 Le plan du 22e étage de la tour.

Le 22e étage de la tour de 68 mètres est en réalité un double-étage. Sur la terrasse ouverte au sommet de la tour se situaient auparavant les tours aéroréfrigérantes de la centrale thermique. L'ensemble de ce pôle énergie ayant été déménagé, deux niveaux de planchers de la tour (les 21e et 22e étages) sont libérés. Sous la casquette de la tour a ainsi pu être installée une splendide salle de réunion, vaste espace de 135 mètres carrés ouvert sur trois côtés et entouré d'une coursive. De nombreuses réunions et réceptions y ont lieu, notamment les conseils d'administration de Radio France et les soirées à l'issue des concerts. En bref, sa situation au cœur du foyer historique de la radio française, sa vue panoramique sur Paris, la tour Eiffel toute proche et la Seine qu'elle domine en amont et aval font de cette salle un lieu exceptionnel, dont pourront aussi profiter les entreprises partenaires de Radio France.

2

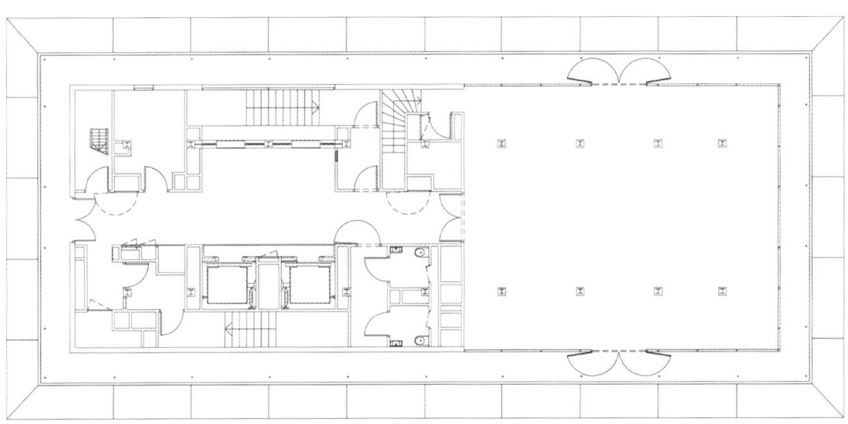

3

L'AGORA ET LA PETITE COURONNE

1

1 L'agora achevée : la verrière zénithale laisse abonder la lumière.

2 Vue de la verrière depuis la toiture-terrasse de la petite couronne.

3 Travaux de l'agora : l'ossature du plancher de la petite couronne est dégagée.

4 Coupe de la tour, de l'agora et de la petite couronne.

2

Avec l'auditorium et la tour, l'agora constitue l'élément le plus spectaculaire de la réhabilitation de l'édifice. Dans les trois cas, il s'agit de véritables créations nouvelles, insérées dans l'ancienne Maison. Implantée au pied de la tour, dans une zone du bâtiment autrefois difficile d'accès, l'agora porte bien son nom. C'est la place publique de la Maison de la Radio, idéalement située à mi-parcours de la rue intérieure qui traverse le bâtiment sur 130 mètres de long. Trois niveaux en plateau ont été déconstruits en 2010 dans la petite couronne, permettant la création d'un grand puits de lumière. L'agora est ainsi surmontée d'une verrière qui culmine à 18 mètres de hauteur, constituée de deux structures : une sur-toiture attachée à la petite couronne et des poutres métalliques, tendues par des câbles. Ainsi est assurée une meilleure transparence tout en garantissant la souplesse nécessaire en cas de vent important ou de neige entraînant un surpoids. Véritable cœur de la Maison de la Radio, l'agora est le lieu par lequel le visiteur passe inévitablement. Il s'y arrête soit pour assister à l'émission diffusée depuis le studio vitré de l'agora, soit pour boire un café, accéder à un distributeur automatique ou encore voir une exposition installée dans cet espace baigné de lumière. Depuis l'agora, le personnel accède au nouveau restaurant d'entreprise, construit en encorbellement couvert – ou « oriel » – au troisième étage de la petite couronne.

3

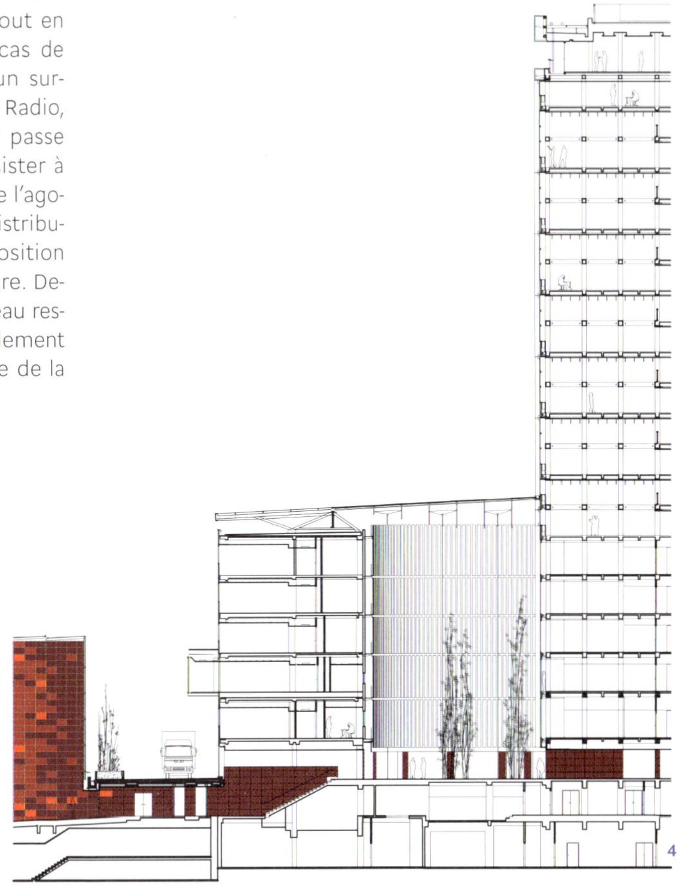

4

LA NEF

1 Construction de la nef, entre le studio 104-salle Olivier Messiaen et le nouvel auditorium.

2 Percée de la nef depuis la porte A.

3 Image 3D de l'intérieur de la nef.

4 Coupe nord-sud de la rue intérieure, depuis la Seine jusqu'au parking.

La nef correspond à la section de la rue intérieure qui relie le grand hall à l'agora. Elle longe d'un côté la salle de concert du studio 104-salle Olivier Messiaen et de l'autre le nouvel auditorium. Surmontée d'une verrière, plus large et plus haute que son vis-à-vis au nord, elle est largement baignée par la lumière. Depuis le hall d'entrée, elle constitue l'axe majeur de la nouvelle Maison, celui qui, d'une part, conduit le grand public vers l'agora et, de l'autre, draine les flux de la tour et de la petite couronne vers la grande couronne et les studios. La nef inaugure un nouvel axe de circulation dans le bâtiment, qui vient s'ajouter à l'ancienne trame en étoile. Elle évite ainsi au public qui arrive de la porte D l'ancien contournement par les halls, reliant ainsi directement la sortie piétons du parking et les salles de concert. La construction de ce large passage couvert a emprunté la moitié de la surface de l'ancienne salle de musique, ou studio 103, dont l'espace restant, ajouté à celui du studio 102, constitue le nouvel auditorium. Logée entre l'agora, le studio 104-salle Olivier Messiaen et l'auditorium, la nef sera tout naturellement le foyer le plus animé de la Maison.

3

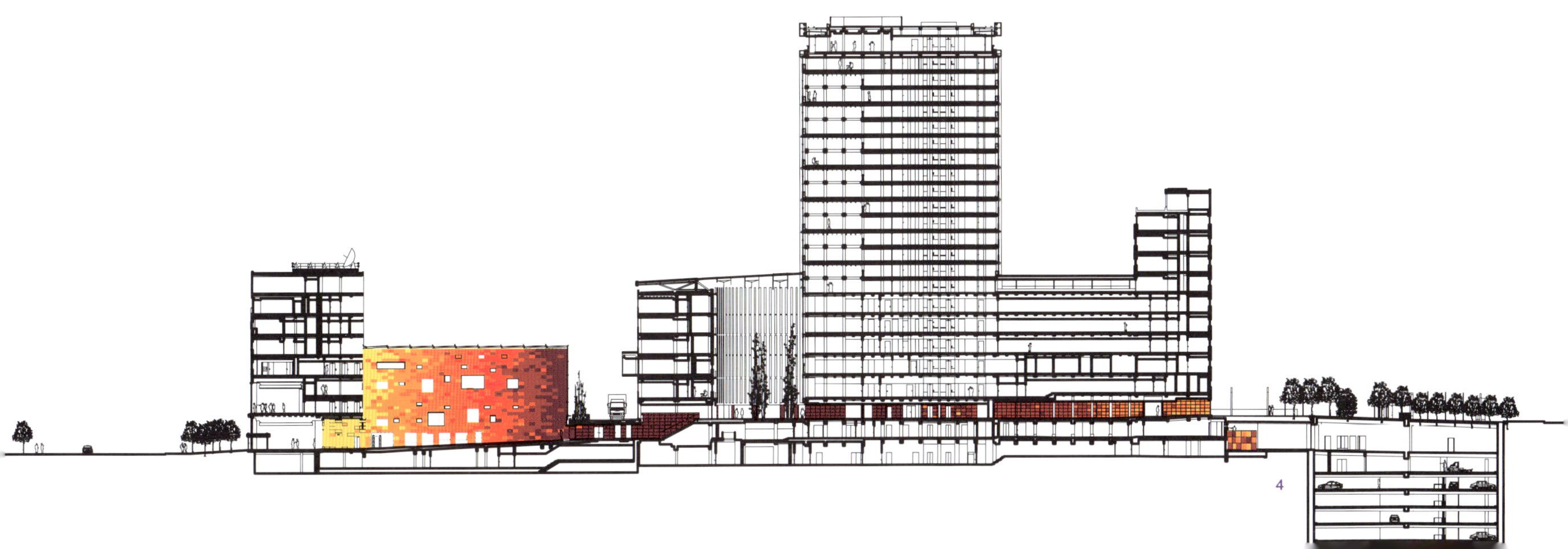

4

> “ Le travail de l’artiste musicien, auteur ou virtuose, trouve dans la musique enregistrée la condition essentielle du rendement esthétique le plus haut : la conjoncture de l’offre et de la demande, du désir et de la possession. ”
>
> PAUL VALÉRY

L'AUDITORIUM

1

Il manquait aux formations musicales de la maison ronde – l'Orchestre national de France, l'Orchestre philharmonique de Radio France, le Chœur et la Maîtrise – une salle de concert dont l'acoustique aurait été étudiée pour la musique classique, et en particulier pour les œuvres jouées en grande formation symphonique. Afin que les musiciens puissent répéter et jouer dans la même salle, condition pour travailler un son de qualité, la décision est prise dès le lancement du chantier de réhabilitation de construire un nouvel auditorium équipé d'un grand orgue en lieu et place des anciens studios 102 et 103. Une vaste concertation conduit à une disposition en arène, sur le modèle de la Philharmonie de Berlin, les 1 400 spectateurs étant placés tout autour de la scène. Chaque fauteuil permet ainsi une excellente visibilité, étant situé à une distance maximale de dix-sept mètres du chef d'orchestre. L'habillage en bois du sol et des balcons vient renforcer cette sensation d'intimité. Au niveau de la scène, de nombreux podiums modulables permettent d'adapter l'agencement au nombre de musiciens. L'orgue à quatre claviers et un pédalier, répartis sur 83 jeux, a été construit à Barcelone dans les ateliers de Gerhard Grenzing. Quant à l'acoustique de la salle, c'est Nagata Acoustics qui l'a entièrement réglée. Implantée au Japon et à Los Angeles, cette société de renommée internationale a conçu l'ingénierie acoustique du Concert Hall de Kyoto, de la salle symphonique de Copenhague et du Walt Disney Concert Hall.

2

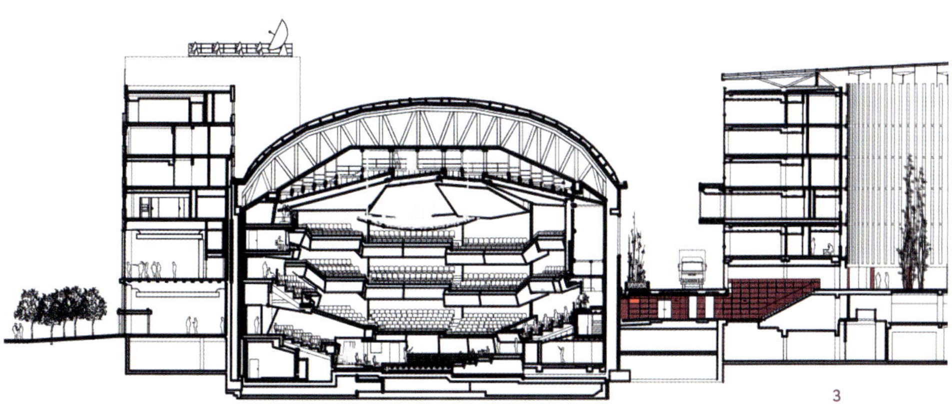

3

1 Construction de la coupole de l'auditorium.

2 Début de la construction de l'auditorium, faisant déjà apparaître la disposition en arène de la nouvelle salle.

3 Coupe du projet. De gauche à droite : le bâtiment Front-de-Seine, l'auditorium et la petite couronne.

1

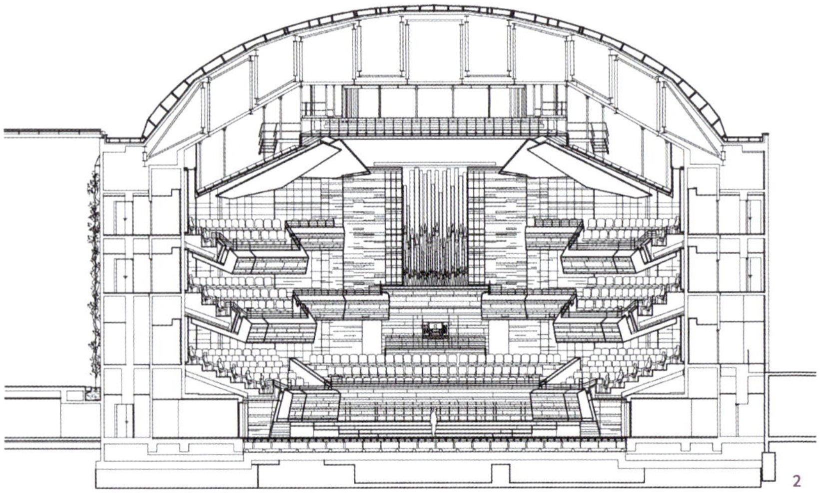

2

1 Répétition d'un orchestre en tenue de ville.

2 Coupe transversale de l'auditorium.

3 Travaux de l'auditorium. Le public est réparti autour de la scène en plusieurs groupes de spectateurs-auditeurs, aucun spectateur n'étant situé à plus de 17 mètres des artistes.

4 Esquisses de l'auditorium par l'architecte Jean-François Bonne.

3

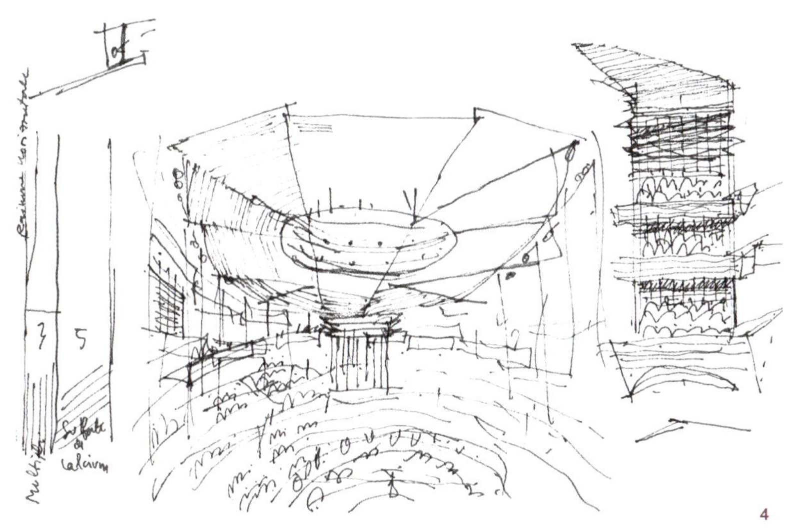

4

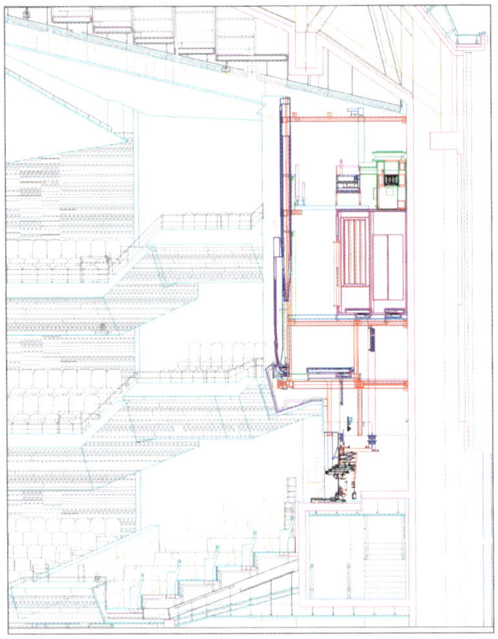

1

L'acousticien a suspendu au plafond de l'auditorium, à 15 mètres au-dessus de la scène, un canopy, réflecteur acoustique qui répond aux exigences sonores de ce type de salles « en arène ». Ainsi, les quatre formations musicales de Radio France bénéficieront dès l'automne 2014 d'un lieu exceptionnel. Enfin, si l'auditorium est doté d'une acoustique incomparable pour l'écoute du public installé dans la salle, il comprend aussi des équipements multimédia de captation du son et de l'image les plus récents et performants. Un soin particulier a été apporté pour masquer micros et caméras, qui sont suspendus au canopy et au plafond, de manière à ne pas perturber la vision du public. Esthétisme et haute-technologie, tout a en effet été pensé pour surprendre et émerveiller les spectateurs et les auditeurs du début à la fin du concert.

1 Coupe de l'orgue de l'auditorium.

2 Perspective de l'auditorium : les musiciens au cœur du public.

2

LE STUDIO 104
SALLE OLIVIER MESSIAEN

D'une capacité de 840 places, le studio 104-salle Olivier Messiaen est considéré depuis sa création comme le studio mythique de Radio France. Il a accueilli d'innombrables concerts de musique classique et contemporaine, mais aussi des figures internationales du jazz et du rock telles que Robert Plant, Eric Clapton, Sting, Bruce Springsteen, Manu Chao, Indochine, Norah Jones ou Diana Krall. Alors que l'auditorium a été conçu pour mettre en valeur la musique classique, le studio 104-salle Olivier Messiaen a été rénové pour accueillir des concerts de tous types de musique. Il retrouve ainsi sa vocation de salle de concert polyvalente. Fermée à l'automne 2010, la réhabilitation de la salle était nécessaire afin de la mettre aux normes de sécurité et d'accessibilité aux personnes à mobilité réduite. Ses qualités phoniques ont été améliorées de manière à intégrer la présence des gradins des chœurs en lieu et place de l'orgue. Pour cela, de nouveaux réflecteurs en staff ont été créés et des rideaux acoustiques installés, qui permettent de faire varier le temps de réverbération en fonction des besoins (répétition des orchestres ou concert de musique amplifiée). De plus, les passerelles et équipements techniques dans la partie haute du studio ont été entièrement refaits pour améliorer les conditions de travail des techniciens. Enfin, le parquet de la scène a été changé et les sièges remplacés, offrant un camaïeu de tons chauds qui contraste avec la couleur aubergine des sols, murs et plafond et a l'avantage de mettre en valeur les bas-reliefs de Louis Leygue.

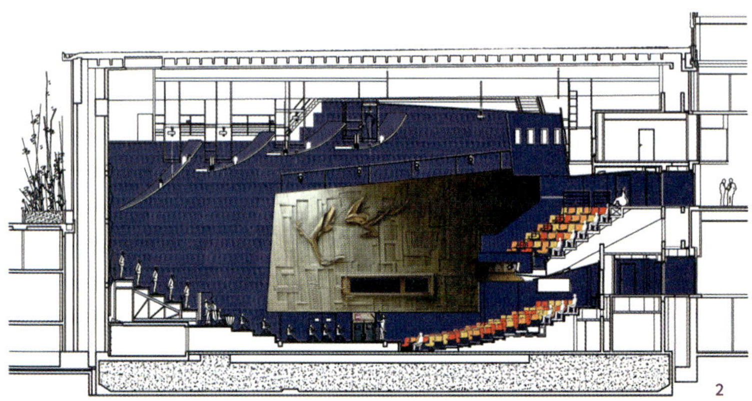

1 L'installation des nouveaux sièges du studio 104-salle Olivier Messiaen.

2 Coupe du studio 104-salle Olivier Messiaen.

3 Le studio 104 en cours de travaux. Création de nouveaux réflecteurs acoustiques.

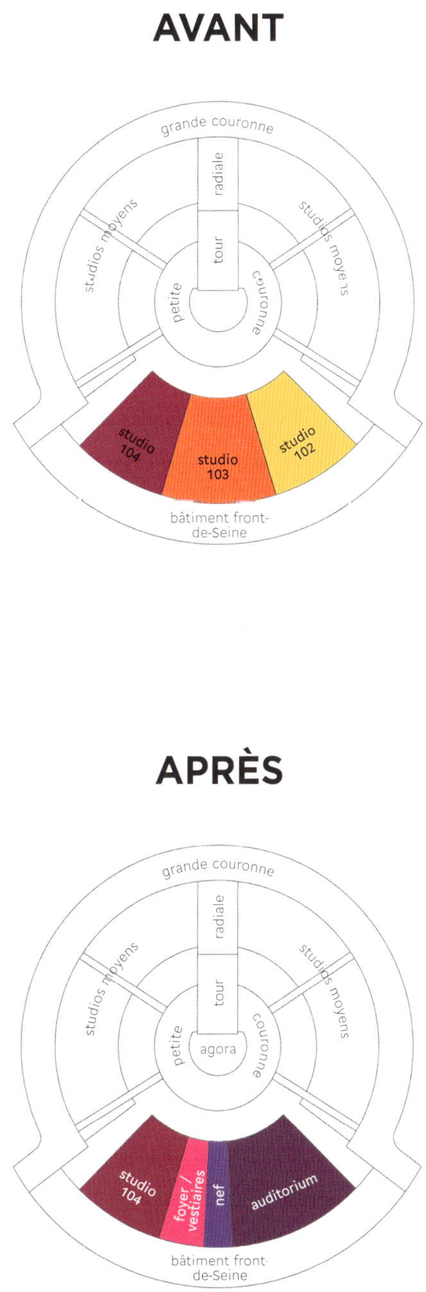

1

1 La construction de la nef, large passage couvert, a emprunté la moitié de la surface de l'ancienne salle de musique (ou studio 103) dont l'espace restant, ajouté à celui du studio 102, constitue le nouvel auditorium.

2 Travaux du nouveau studio 104-salle Olivier Messiaen : modernisation, mise aux normes et respect du patrimoine sont allés de pair.

LE BÂTIMENT FRONT-DE-SEINE

1 Nouveau studio du bâtiment Front-de-Seine, avec ouverture sur la ville.

2 Ancien studio « aveugle ».

3 Coupe d'un studio rouge destiné à France Inter.

2

Le bâtiment Front-de-Seine, arc de cercle de la Maison de la Radio donnant sur l'avenue du Président-Kennedy, est facilement repérable car moins haut que le reste du bâtiment. Il dessert le grand hall, entrée principale du public composée d'un rez-de-chaussée et d'un étage-balcon baigné de lumière. La réhabilitation de la façade vitrée et des escaliers monumentaux, caractérisés par leurs marches biseautées et leurs garde-corps vitrés, a fait l'objet d'un soin particulier, les qualités architecturales du grand hall devant être conservées. Dans ses étages, le bâtiment Front-de-Seine abritait autrefois principalement des bureaux, les studios étant tournés pour des raisons acoustiques vers l'intérieur de l'édifice, là où les bruits de la ville pénètrent le moins. Cinquante ans après la construction du bâtiment, le choix est fait d'installer toute une série de studios de production et d'antenne aux 4e et 5e étages, ouvrant ces lieux de diffusion sur la Seine et sur la ville. Radio France fait ainsi le pari innovant d'isoler ces studios des nuisances sonores extérieures, en doublant les vitrages existants par des châssis acoustiques isolants supplémentaires. Pour autant, chacun de ces studios reste conçu selon le principe acoustique mis au point par Henry Bernard en 1963, qui consiste à désolidariser l'intérieur du studio de l'espace qui l'entoure grâce à une conception de type « boîte dans la boîte ». Ces nouveaux studios sont équipés de caméras vidéo, permettant la diffusion simultanée des programmes sur les supports numériques.

3

1

2

1 Vue des nouveaux studios sur les tours du quartier Beaugrenelle.

2 Coupe d'un studio jaune.

3 Un nouveau studio jaune, destiné à France Info.

> « On a volontairement recherché la simplicité des volumes afin de leur donner la plus grande intensité d'effets. »
>
> HENRY BERNARD

1 Dans le bâtiment Front-de-Seine, aménagement des bureaux.

2 Travaux dans le grand hall du bâtiment Front-de-Seine. Les éléments de décoration d'origine sont protégés pour être conservés.

3 Future zone de bureaux.

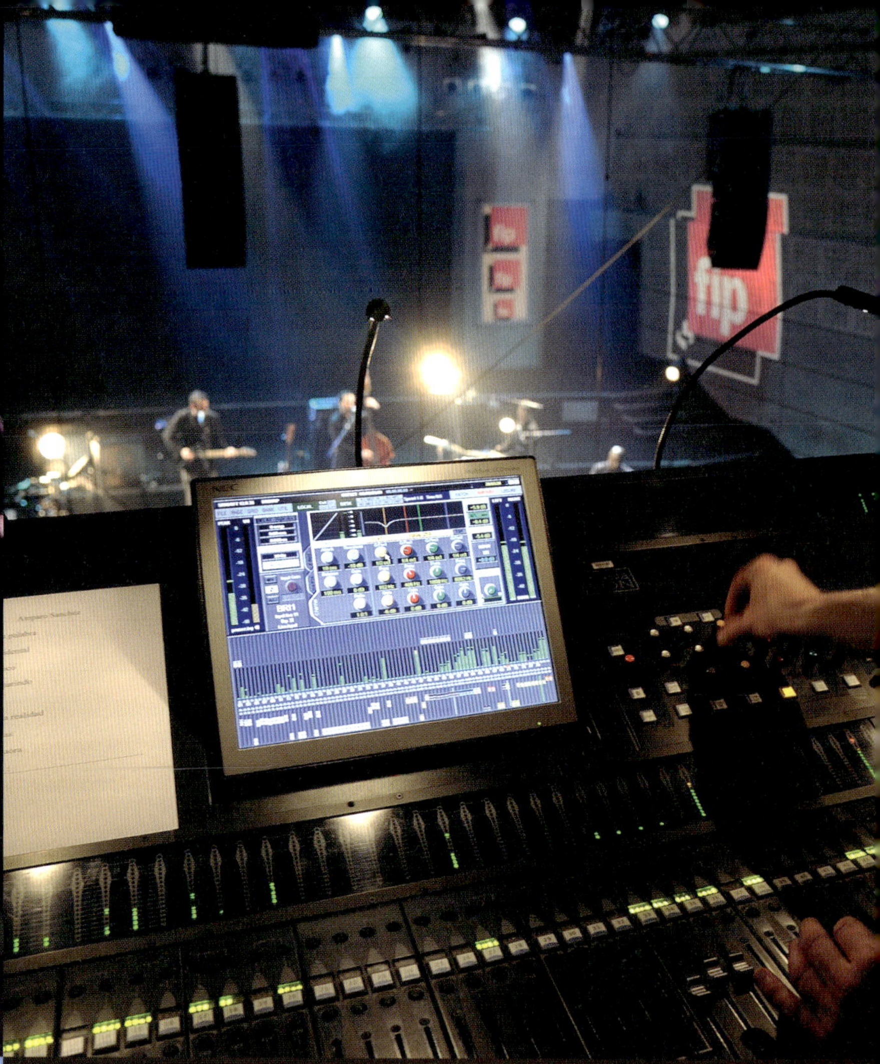
fip

« Le poète est parti,
la radio a pris sa place. »

NAGUIB MAHFOUZ

LA CENTRALE GÉOTHERMIQUE

L'ancienne centrale géothermique située en sous-sol de la tour constituait, il y a cinquante ans, une innovation écologique très en avance sur son temps. Pour maintenir leur éclairage permanent, les studios aveugles avaient en effet besoin d'être climatisés, à la fois pour l'apport d'air et pour le refroidissement. Dès 1963, grâce à un puits foré à 600 mètres de profondeur, de l'eau qui jaillissait sous pression à 27 °C était ensuite répartie dans des circuits servant à climatiser l'ensemble de l'édifice, avant d'être rejetée dans la Seine à basse température. Les machines frigorifiques fonctionnaient elles aussi en pompe à chaleur. Comme le soulignait alors Henry Bernard, « cette installation n'ayant aucune source de combustion, elle ne dégageait pas de fumée et donc, ne créant aucune pollution, était exemplaire sur le plan de l'urbanisme ». Pour autant, le système a vieilli et ne correspond plus aux normes actuelles. Ces normes impliquent, dans le cadre de la réhabilitation du bâtiment, un amoindrissement considérable de la consommation énergétique, qui passe par l'équipement en panneaux intérieurs de climatisation GRAVIvent® et le regroupement des matériels énergivores dans des salles dédiées. Pour des raisons de sécurité, un centre de gestion technique du bâtiment a été créé en 2011 au nord de la Maison. Il abrite la nouvelle centrale et assure le pilotage des fluides (eau, électricité, air), le chauffage, la ventilation et l'éclairage de l'ensemble de l'édifice. Dans son principe même, le système de pompe à chaleur inauguré en 1963 est donc maintenu, et même considérablement amélioré : trois forages moins profonds (45 mètres) puisent dans la craie du lit de la Seine, apportant de l'eau à température plus basse qui circule en boucle fermée dans tous les corps de bâtiment.

2

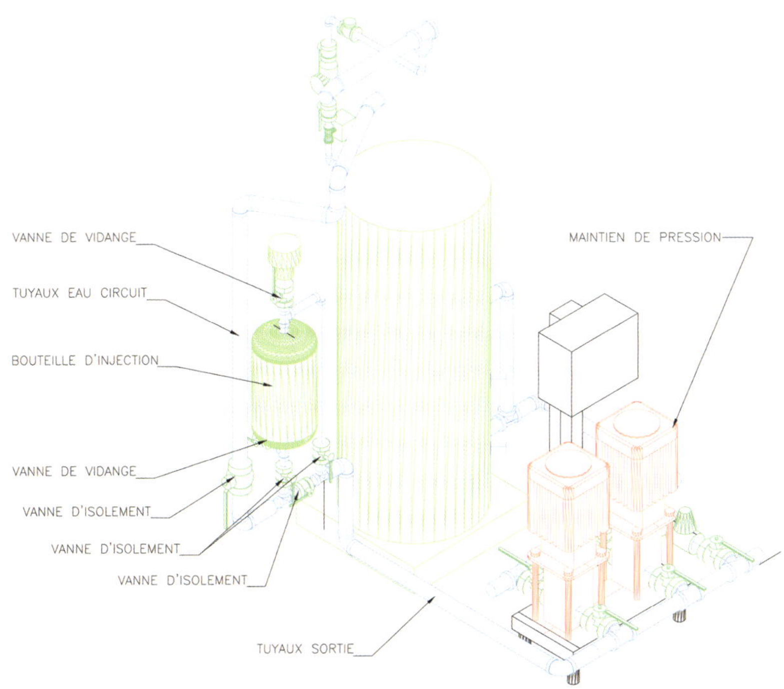

3

1 L'ancienne centrale géothermique était, en 1963, en avance sur son temps : ni combustion ni fumée, grâce à un puits artésien captant de l'eau chaude (27 °C) à 600 mètres de profondeur.

2 La nouvelle centrale géothermique assure la climatisation et le chauffage de l'édifice.

3 Détail du schéma de fonctionnement de la nouvelle centrale : contrôle de la pression.

LE PARKING

La mise en sécurité d'un bâtiment IGH (immeuble de grande hauteur) interdisant de garer un véhicule à moins de huit mètres de la façade, la décision fut prise de remplacer le parking extérieur de surface situé à proximité de la maison ronde par un parking souterrain. À l'automne 2011, après deux ans de travaux, le parking, d'une capacité de 720 places sur cinq niveaux en sous-sol, a ouvert. Le premier niveau du parking est doté de trois bâches de récupération des eaux de pluie, l'une destinée aux pompiers, la deuxième à l'alimentation du circuit d'extinction automatique, la troisième à l'arrosage du jardin. En créant ce parking, de la surface au sol est libérée autour du bâtiment permettant la création d'un grand parvis entouré d'un jardin.

L'AMÉNAGEMENT PAYSAGER

1 Image 3D des abords plantés tout autour de la Maison ronde.

2 Image 3D de la toiture végétalisée du studio 104-salle Olivier Messiaen après travaux. À droite, le dôme de l'auditorium. Au fond, le centre de l'édifice.

3 Plan des nouveaux espaces plantés autour du bâtiment.

2

L'architecture rigoureuse d'Henry Bernard, à la fois moderne dans ses procédés de construction et classique dans ses formes, ne laissait guère de place au paysage. Au début des années 1960, de nombreux bâtiments s'élevèrent entre l'édifice et la Seine, ce qui restreignit l'espace autour de la Maison de la Radio. À l'inverse, l'un des enjeux essentiels de la réhabilitation étant d'ouvrir la Maison sur la ville, le traitement des limites de la parcelle a été totalement revu. L'ensemble du terrain sera mis au niveau des trottoirs, rendant la Maison ronde accessible de plain-pied depuis la rue, tout autour du cercle qu'elle forme. Près de 15000 mètres carrés vont être plantés tout autour de Radio France : 450 arbres en bosquets traversés d'allées et coupés de clairières semées de 60 espèces de plantes vivaces. Grâce à ces promenades, le bâtiment fera paysage avec la colline de Passy, la rue Raynouard (reliée au bâtiment par un nouveau trottoir en pente), les quais et la Seine. Ruche à allure de bunker en robe de soirée, la Maison deviendra alors pour les auditeurs, les spectateurs et les riverains un lieu de partage incontournable.

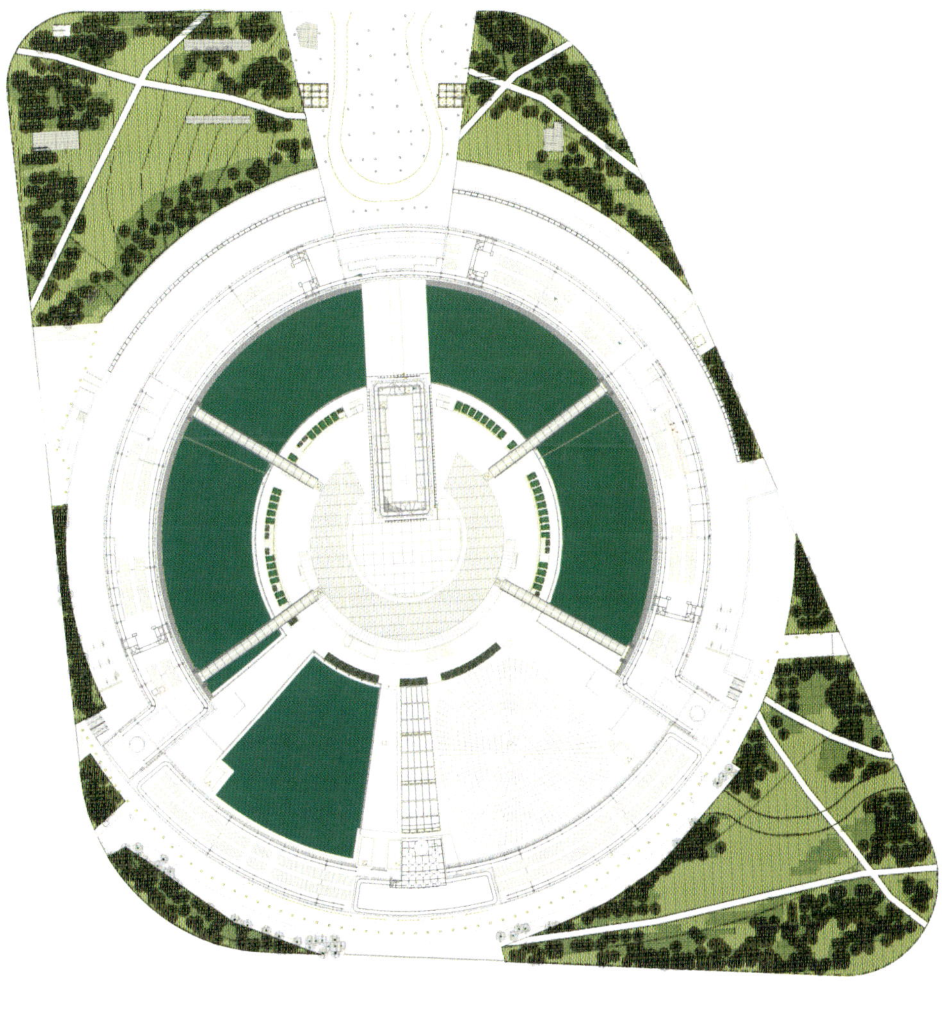

3

2004 – 2016 :
UN CHANTIER EN SIX ÉTAPES

PHASE 0
Le parking
Livraison : septembre 2011

PHASE 1
La tour, l'agora et la petite couronne
Livraison : octobre 2011

PHASE 1 BIS
La nef, l'auditorium
et l'aménagement paysager
Livraison : été 2014

PHASE 2
Le bâtiment Front-de-Seine et
le studio 104 — salle Olivier Messiaen
Livraison : fin 2013

PHASE 3
La grande couronne EST
Livraison : 2015

PHASE 4
La grande couronne OUEST
Livraison : 2016

2013-2063 : LA MAISON QUI VIBRE À L'INFINI

Travaux de la Maison de la RTF à la fin des années 1950. Au fond, vue vers l'est de Paris.

Unique. Aujourd'hui, comme dans cinquante ans, évidemment… Personne ne peut dire à quoi ressembleront en 2063, ni comment s'appelleront nos « baladeurs », « autoradios », et autres téléphones « super intelligents ». Impossible d'imaginer les objets du futur, forcément toujours plus personnalisés. Sans doute aurons-nous même franchi plusieurs étapes.

Peut-être suffira-t-il de penser à notre antenne favorite, à notre rendez-vous préféré pour l'entendre aussitôt. Une date en plus : et on remontera le temps. Une image en tête : et toute une mémoire sera disponible. À la radio ainsi offerte, on ajoutera aussi nos propres programmes, à échanger dans tout l'espace, sur des ondes infinies. Et l'histoire des premiers temps n'en sera que plus forte, incarnée à jamais par cette maison, et celui qui l'a conçue – finalement pour un siècle – Henry Bernard.

Quand il se lance dans l'aventure, l'architecte a été urbaniste en chef de la ville de Grenoble. Il est né à Albertville. On imagine facilement son goût pour les sommets. Après la Maison de la Radio, à Strasbourg il affichera, dans les années 1970, sa passion pour les grands espaces, avec le Palais de l'Europe.

1960

La radio n'a pas de vraie maison. Et donc, pas d'unité. Devant le fleuve, à l'endroit précis qui va être choisi, la capitale s'est longtemps faite vagabonde. Au cœur du 16e arrondissement, qui aligne ses façades bourgeoises, et face au 15e encore largement voué à la construction, surtout automobile. Bien avant, à cet endroit, la Compagnie de l'Ouest, royaume de la fée électricité a révolutionné le quotidien de Passy, Auteuil, Puteaux, Courbevoie et Boulogne.

1928

Le lieu est fermé. Il laisse la place à un terrain vague, puis à un stade. Après la guerre et la Libération, il portera le nom d'André Rondenay. Un résistant fusillé à l'âge de trente ans. La mémoire du compagnon de la Libération sera sauvegardée. Le hall d'entrée de la future maison portera son nom. Le cahier des charges fixé aurait pu s'écrire en une ligne : réunir tous les salariés de la radio télévision publique française. Mais l'équation est beaucoup plus compliquée.

Organiser 100 000 mètres carrés de superficie. Assurer la meilleure harmonie possible entre les passionnés du micro et ceux de la caméra. Croiser les besoins des journalistes, producteurs et techniciens, avec les meilleures implantations possibles pour les services administratifs.

Sur ses croquis, Henry Bernard dessine alors un plan qui va étonner : il mélange l'horizontal tout en courbe et le vertical avec une ligne qui porte le regard vers le ciel. Et comme tous les rêves sont permis, Henry Bernard imagine que la tour atteindra 140 mètres de haut. C'est-à-dire plus que le deuxième étage de la tour Eiffel. Mais les contraintes l'emportent. La tour se limitera à 68 mètres.

1 Juin 1962, l'articulation de l'oméga et du bâtiment Front-de-Seine, six mois avant l'inauguration.

2 Le « virage » de la façade extérieure au raccordement de la grande couronne et du bâtiment Front-de-Seine.

Enfin, le jour de l'inauguration, ce 14 décembre 1963, tout est prêt. C'est une ville – une vraie ville nouvelle – qui ouvre ses portes. Et en quelques heures des milliers, et bientôt des millions de mots, de notes de musique – et d'images – jusqu'au départ de la télévision, vont faire vibrer ce Palais de toutes les découvertes.

2013

L'histoire continue et même s'accélère. La magie de la radio reste la même, une véritable référence dans un monde en plein bouleversements. La passion pour le service public reste aussi vive, mais les nécessités nouvelles, et la planète numérique, offrent une opportunité pour construire les fondements du prochain demi-siècle. L'essentiel triomphe, à travers ces deux mots : Maison, Radio.

2063

Nous aurons besoin d'elles. Et toujours, au centre de nos univers virtuels. Évidemment, bien plus loin que Mars ou alors tout près, les envoyés spéciaux seront, comme aujourd'hui, partout pour raconter et témoigner. Leurs mots et leurs images voyageront aussi vite que la lumière.

Leurs témoignages continueront à raconter les Mondes. Les visibles et les cachés. Des écrans, immenses ou infiniment petits renforceront ces regards. Des traductions simultanées auront aboli les frontières des langues. Et les « réseaux sociaux » des temps nouveaux auront construit leur propre univers. Mais rien ne remplacera jamais la magie partagée du récit.

Et pour se voir, échanger, et bâtir... l'avenir, une maison restera le lieu de tous les possibles. Henry Bernard avait donc vu juste. Sa maison, qui est devenue celle de tous les métiers, et de tous les publics, va nous accompagner encore longtemps. Elle peut croiser toutes les passions, toutes les inventions, tous les futurs. Ronde et verticale. Indispensable.

Pascal Delannoy

2

> “ L'avantage de la radio sur le cinéma, c'est que l'écran est plus grand. ”
>
> ORSON WELLES

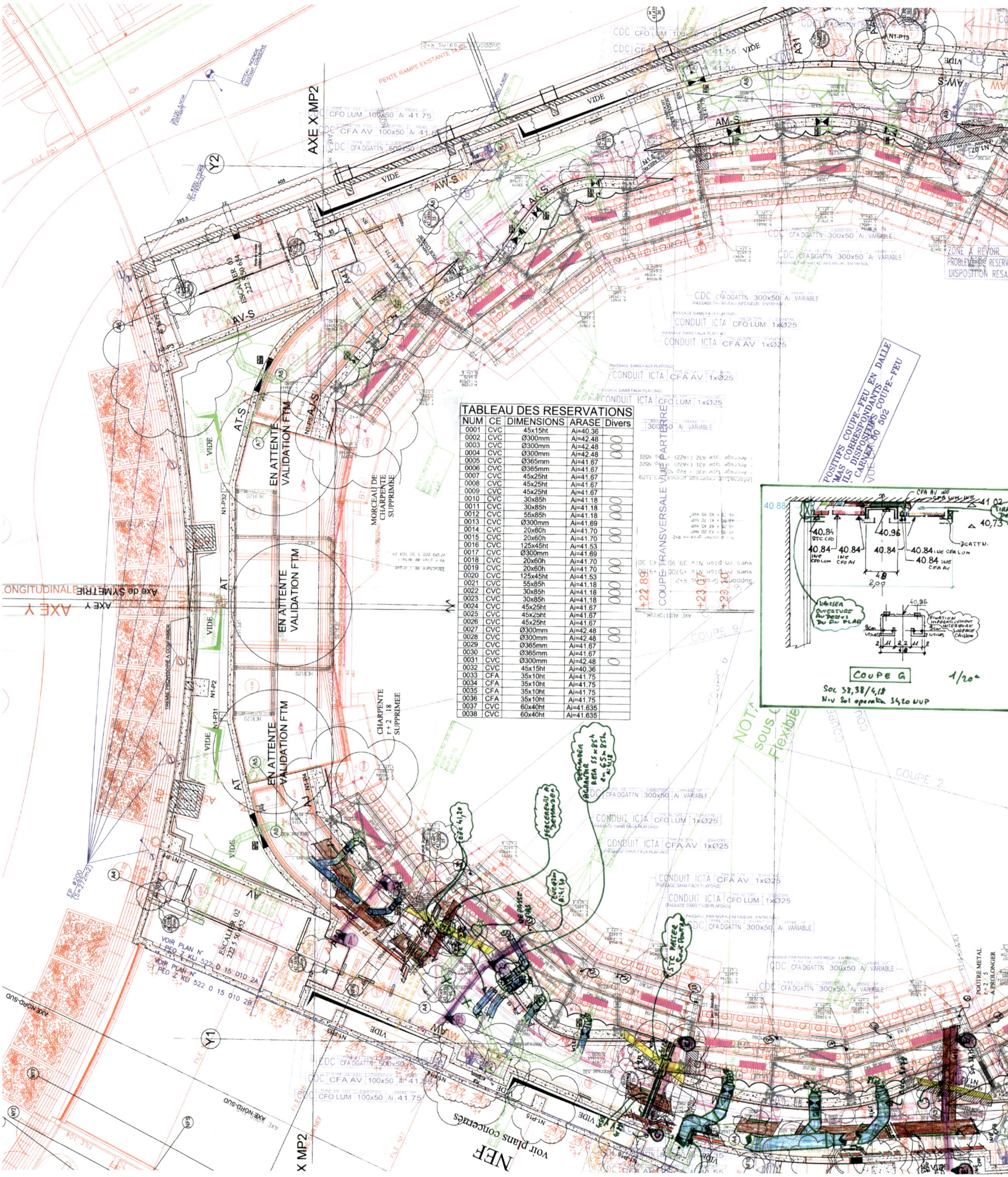

TABLEAU DES RESERVATIONS

NUM	CE	DIMENSIONS	ARASE	Divers
0001	CVC	45x15ht	Ai=40.36	
0002	CVC	Ø300mm	Ai=42.48	
0003	CVC	Ø300mm	Ai=42.48	
0004	CVC	Ø300mm	Ai=42.48	
0005	CVC	Ø365mm	Ai=41.67	
0006	CVC	Ø365mm	Ai=41.67	
0007	CVC	45x25ht	Ai=41.67	
0008	CVC	45x25ht	Ai=41.67	
0009	CVC	45x25ht	Ai=41.67	
0010	CVC	30x85h	Ai=41.18	
0011	CVC	30x85h	Ai=41.18	
0012	CVC	55x85h	Ai=41.18	
0013	CVC	Ø300mm	Ai=41.69	
0014	CVC	20x60h	Ai=41.70	
0015	CVC	20x60h	Ai=41.70	
0016	CVC	125x45ht	Ai=41.53	
0017	CVC	Ø300mm	Ai=41.69	
0018	CVC	20x60h	Ai=41.70	
0019	CVC	20x60h	Ai=41.70	
0020	CVC	125x45ht	Ai=41.53	
0021	CVC	55x85h	Ai=41.18	
0022	CVC	30x85h	Ai=41.18	
0023	CVC	30x85h	Ai=41.18	
0024	CVC	45x25ht	Ai=41.67	
0025	CVC	45x25ht	Ai=41.67	
0026	CVC	45x25ht	Ai=41.67	
0027	CVC	Ø300mm	Ai=42.48	
0028	CVC	Ø300mm	Ai=42.48	
0029	CVC	Ø365mm	Ai=41.67	
0030	CVC	Ø365mm	Ai=41.67	
0031	CVC	Ø300mm	Ai=42.48	
0032	CVC	45x15ht	Ai=40.36	
0033	CFA	35x10ht	Ai=41.75	
0034	CFA	35x10ht	Ai=41.75	
0035	CFA	35x10ht	Ai=41.75	
0036	CFA	35x10ht	Ai=41.75	
0037	CVC	60x40ht	Ai=41.635	
0038	CVC	60x40ht	Ai=41.635	

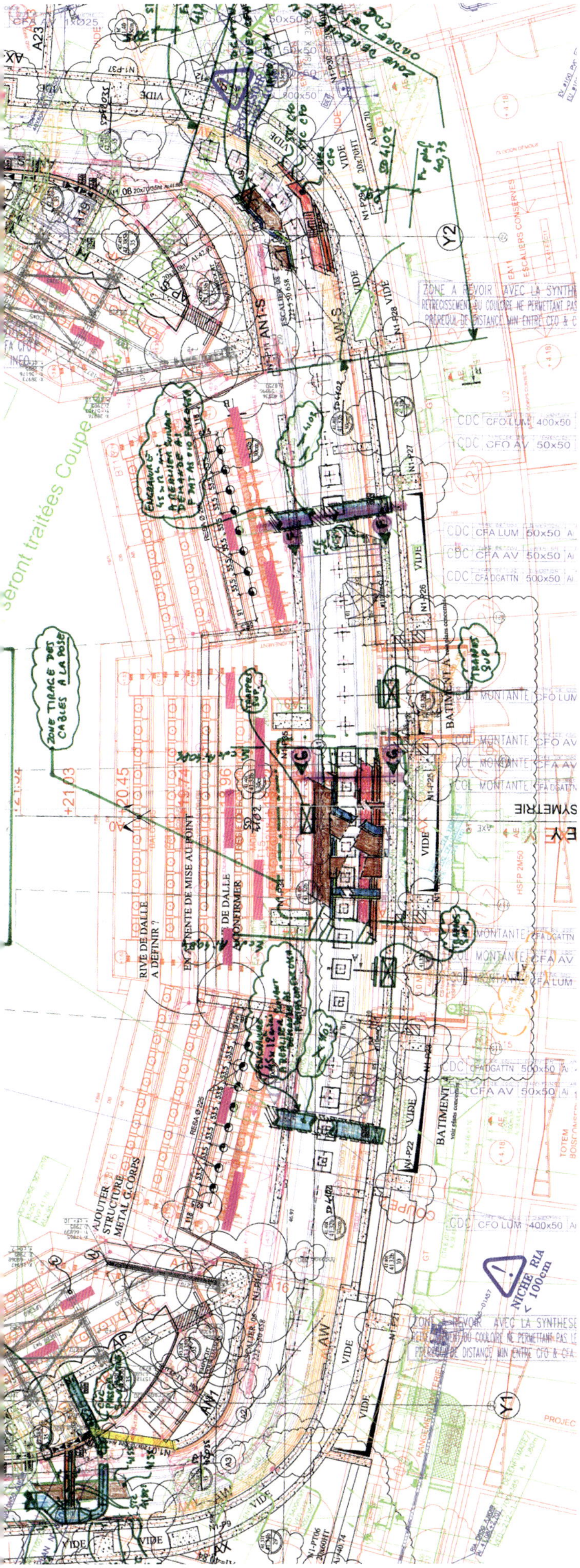

Plan de synthèse de l'auditorium.

UN CHANTIER PHARAONIQUE

26 000 m² de bureaux réhabilités

21 000 m² de locaux radiophoniques réhabilités

8 000 m² d'espaces de circulation et halls créés ou réhabilités

4 000 m² d'espaces de circulation et services ouverts au public

2 850 places proposées dans les studios et salles du rez-de-chaussée

700 emplacements de parking souterrain

450 arbres plantés autour de la Maison

38 studios pour les antennes de Radio France dans les étages

16 studios « moyens » en rez-de-chaussée (accueil du public : 550 places, 2 200 m²)

LE MAÎTRE D'OUVRAGE
Radio France

Président-directeur général
Jean-Luc Hees, nommé le 12 mai 2009
Jean-Paul Cluzel (2004-2009)
Jean-Marie Cavada (1998-2004)

Directeur général adjoint en charge de la Réhabilitation
Nadim Callabe, nommé le 30 juillet 2012
Christian Mourougane (2007-2012)
Gérard Delacroix (2003-2007)

Équipe projet
K. Danaradjou, G. Dubaut, N. Birocheau, E. Roizen, V. Illiassov, J.P. Alloin, A. Teixeira, E. Bordereau, J.L. Meson, M. Bernard, S. Joubert, P. Jourdan, C. Dumont, M. Loiseau, B. Salfati, D. Stephan, S. Lepaumier, A. Geoffroy, M. Zouaoui, S. Grisol, D. Le bris, M. Secheresse, M. Christory, L. Rabillé, F. Millet, E. Weirauch

Ont également participé
R. Febvrel, D. Cervetti, M. Herbelin, O. Tinel, Ph. Thiriaud, I. Lala, S. Correira, J. Longuet

LES ASSISTANTS DE LA MAÎTRISE D'OUVRAGE
QUALICONSULT Contrôle technique
GEMO – Coordination OPC
ODM – Coordination OPC
APAVE – Coordination SPS
P4X – Cellule de synthèse
BERTHAUX – Assistance technique
EGIS – AMO HQE
VOXOA – Économiste
COREGI – Maîtrise d'œuvre désamiantage

LE MAÎTRE D'ŒUVRE

Architecte et Mandataire
AS.Architecture-Studio – Architectes et urbanistes

Associés
M. Robain, R. Tisnado, J.F. Bonne, A. Bretagnolle, R.H. Arnaud, L.M. Fischer, M. Lehmann, R. Ayache, G. Joly, M. Piot, M. Efron, A. Sabeh El Leil

Équipe projet
N. Ammar, A. Arjona Jacobi, N. Balini, A. Bogdanovitch, M. Busa, B. Cau, P. Caymaris, D. Colin, F. Desideri, E. Driebeck, N. Emin, P. Jeorzejczak , R. Khayati, K. Preuss, F. Rautureau, M.L. Sasso, E. Sorini

Bureaux d'études et co-traitants
JACOBS France
Ingénierie

CABINET CASSO
Sécurité incendie

ECO CITES
Economiste

Les sous-traitants de la maîtrise d'œuvre
RFR - BET
Façades

TESS - BET
Façades

CHANGEMENT À VUE
Scénographie

NAGATA ACOUSTIC
Acousticien

J.P. LAMOUREUX
Acousticien

MICHEL DESVIGNE
Paysage

L'OBSERVATOIRE / 8'18''
Concepteur lumières

Le facteur d'orgue
Gerhard Grenzing

LE MAÎTRE D'ŒUVRE D'EXÉCUTION À PARTIR DE 2014

SRA Architectes
EGIS
La Compagnie du Paysage
APEX
Atelier Audiovisuel
FB Consultants
AIK

ENTREPRISES

COCHERY Ile-de-France
Surfaces minérales VRD

SAS VILQUIN Groupe Fayat
Structure tour – radiale – petite couronne

SPIE SGCGPM
Structure auditorium

ISS ESPACES VERTS
Espaces verts – plantations

SPIE SGCGPM
Gros œuvre réhabilitation

DGC DÉMANTÈLEMENT
Curage, démolition

VERRE & MÉTAL
Verrières nef – agora

SMB
Charpente métallique

VULCAIN
Menuiseries extérieures – murs – rideaux

SMAC
Sur-toiture auditorium

VIRY Groupe FAYAT
Passerelles

SPIE PARTESIA
Cloisons doublages
Blocs – portes acoustiques

SPIE PARTESIA
Cloisons doublages

LINDNER France
Plafonds suspendus

SEDIB
Menuiserie intérieure

BREDY
Menuiserie intérieure

VULCAIN
Serrurerie – métallerie

FRANCE SOLS
Revêtements durs sols et murs

FRANCE SOLS
Revêtements souples des sols

MAISON LECLAIRE
Peinture

REIP
Peinture

SATELEC Groupe FAYAT
Génie électrique

DEF
Courants faibles SSI

TR SERVICES
Courants faibles SSI

EMTE KLIMACAL
Génie climatique fluides

MARIOFF SAS
Extinction automatique incendie

OTIS
Appareils élévateurs

LE CLOAREC
Équipements de cuisine

AMG – FECHOZ
Équipements scénographiques bas et hauts

INEO TERTIAIRE IdF
Réseaux scénographiques
Éclairage et audiovisuel

LINDNER France
Agencement auditorium

QUINETTE GALLAY
Fauteuils

CLESTRA
Cloisons démontables

radio france

CRÉDITS PHOTOGRAPHIQUES

© Radio France / Christophe Abramowitz
p. 4, 6-7, 10, 12, 13, 14-15, 16, 17 (haut), 18-19, 20, 21 (haut), 22-23, 24, 26-27, 28, 29 (haut), 30-31(haut), 32-33, 34 (haut), 35, 36-37, 38-39 (haut), 40 (haut), 41, 42-43, 44-45, 46, 47 (haut), 48-49, 57, 58-59, 63.

© AS.Architecture-Studio
p. 8-9, 17 (bas), 21 (bas), 23 (bas droite), 25, 29 (bas), 30-31 (bas), 34 (bas), 37, 39 (bas), 40 (bas), 50-51, 52-53, 60-61.

© EMTE
p. 47 (bas droite)

© Gerhard Grenzing
p. 32 (haut gauche)

La photogravure a été réalisée par Quat'Coul, Toulouse.
Cet ouvrage a été achevé d'imprimer sur les presses de ReBus (Italie) en octobre 2013.

www.maison.radiofrance.fr

Retrouvez l'histoire exceptionnelle de la Maison de la Radio, le récit de cette aventure humaine et technologique hors du commun sur maison.radiofrance.fr, un site internet créé à l'occasion des cinquante ans de Radio France. La parole y est donnée aux artistes pour partager leur vision de la radio de demain.

vous écoutez

la maison
de l'o.r.t.f
à paris

Cet ouvrage est un fac-similé du livre *La Maison de l'ORTF à Paris* publié en 1963.

ISBN 978-2-7572-0760-4
Dépôt légal : décembre 2013
Imprimé en Italie (Union européenne)

la maison de l'o.r.t.f à paris

1963

radio france éditions

SOMOGY ÉDITIONS D'ART

allocution prononcée le 14 décembre 1963
par le Général de GAULLE
lors de l'inauguration de la maison de la radio

A tant d'idées, de mots, d'images, de sons, lancés sur des ondes merveilleuses, à ces rafales de suggestions déclenchées vers la foule secrète des esprits, à un tel mode d'expression du monde offert par la diffusion instantanée des nouvelles et des œuvres, bref à la Radio, fallait-il une maison ? Oui ! Car, pour étendues que soient ses limites, dispersées ses sources, variées ses émissions, la Radio est une action humaine, autrement dit collective. Sans doute, se nourrit-elle de la capacité des individus. Mais elle exige, pour être valable, l'effort conjugué des équipes. Or, le monument complexe et imposant, mais unitaire et circulaire, qui l'abritera désormais est le signe de l'organisation, de la concentration et de la cohésion, dont dépendent son audience et son influence.

Quelles responsabilités incombent à ce vaste ensemble ! Après la parole, le dessin, la scène, l'écriture, l'imprimerie, la photo, le cinéma, voici qu'à son tour la Radio s'est saisie du contact direct avec les intelligences, les sensibilités, les volontés. Par tout ce qu'elle projette de vivant et d'émouvant, par la façon qui est la sienne, péremptoire et immédiate, elle est le moyen d'information adapté par excellence à notre époque mécanisée, agglomérée et précipitée. Mais, comme ce qui est utile aux âmes ne l'est qu'en vertu d'une grande cause et comme nous avons choisi la nôtre, il faut que la Radio française, tout en captant sans parti-pris et en répandant sans exclusive les courants de l'évènement, de l'art, de la science, de la politique, concourre à la liberté, à la dignité, à la solidarité des hommes.

Cette responsabilité humaine est en même temps nationale. La Radiodiffusion Télévision Française, par le fait qu'elle jaillit de notre esprit, qu'elle s'exprime en notre langue, qu'elle tient à notre technique, qu'elle évoque les gens et les choses de chez nous, assume un rôle unique de représentation. L'idée que nous nous faisons de la France et l'idée que s'en font les autres dépendent maintenant, dans une large mesure, de ce qui est, à partir d'ici, donné à voir, à entendre, à comprendre, et qui frappe au même instant une innombrable multitude.

Dans cette vie de société qu'instituent entre les citoyens, ainsi qu'entre les pays, tant de communications, il s'agit que la France apparaisse telle qu'elle est, je veux dire aux prises avec ses peines et ses problèmes, mais vivant pleinement son siècle, en grand essor de progrès, bienveillante à l'égard de tous les peuples de la terre. Car, si la réalité d'un fait ou d'un moment particulier peut parfois prendre les traits du doute, de l'amertume et de la division, la vérité totale et profonde de la France, c'est la foi, l'espoir et la fraternité.

Telle doit être l'inspiration de notre Radio française.

à la suite du palais du louvre, du grand palais et du palais de chaillot, la maison de l'O.R.T.F. prolonge vers l'ouest l'ensemble architectural des monuments officiels qui bordent les berges de la seine.

le nom modeste qu'elle s'est donné, maison égarée parmi des palais, ne peut dissimuler sa signification.

dans le site de paris elle restera le symbole du $20^{\text{ème}}$ siècle et de ses techniques.

dans la vie intellectuelle française, elle sera l'un des centres de diffusion de la création artistique.

photo duprat - dessin de jean lhuer

la maison  de l'O.R.T.F.

architecture de verre et d'aluminium le jour, architecture de lumière le soir, la maison de l'O.R.T.F. s'inscrit désormais dans le paysage parisien. grand édifice de notre siècle, elle s'ajoute, en bordure de la seine, à la suite des édifices célèbres dont les siècles précédents ont jalonné le fleuve.

siège social de l'O.R.T.F., groupant la direction générale, les services de conception, de commandement et d'administration d'une part, elle rassemble aussi tous les moyens artistiques et techniques nécessaires à la production des programmes radiophoniques d'autre part. l'importance de ceux-ci étant, de beaucoup, dominante, elle est conçue pour assurer leur mise en œuvre de la façon la plus adaptée à leur originalité.

ces moyens comprennent :

- un ensemble de salles publiques :
  une salle de concert pour 1000 auditeurs
  une salle de spectacles pour 1000 spectateurs
  deux grandes salles de musique
  un studio de télévision.

- un ensemble de 21 studios pour la musique, le théâtre et les variétés.

- 23 petits studios, associés aux salles de réception des nouvelles et de rédaction, pour les informations, les magazines d'actualités, les interviews et les programmes en langues étrangères.

- un ensemble de moyens techniques pour l'enregistrement et le montage, dont 16 studios spéciaux associés, l'enchainement des éléments de programme et la distribution vers les réseaux d'émetteurs.

- une très importante collection d'enregistrements, en accroissement continu, et les installations permettant de les consulter.

de la préparation à la diffusion des programmes, la production suit ordinairement la marche suivante:

les réalisateurs consultent les documents et enregistrements en collection dont tels éléments serviront en studio.

l'œuvre réalisée en studio y est, le plus fréquemment, enregistrée et l'enregistrement est apporté aux cabines de programme, où se fait l'enchainement des diverses productions en un programme continu.

parfois cet enregistrement, joint à d'autres, est utilisé pour des montages, parfois il en est fait des copies pour les stations de province ou de l'étranger.

certains éléments de programmes utilisent seulement, avec ou sans montage, des enregistrements existants.

enfin, après diffusion, tous les enregistrements sont repris en collection.

lorsque l'œuvre est diffusée " en direct ", c'est à dire sans intermédiaire d'un enregistrement, la modulation venant du studio est transmise aux cabines de programme pour insertion dans l'enchainement.

ainsi, les collections d'une part, les cabines de programme et, à leur suite, le centre technique de distribution vers les émetteurs d'autre part, sont une origine et un aboutissement obligatoires. réunis, ils forment un véritable noyau central autour duquel tout se distribue.

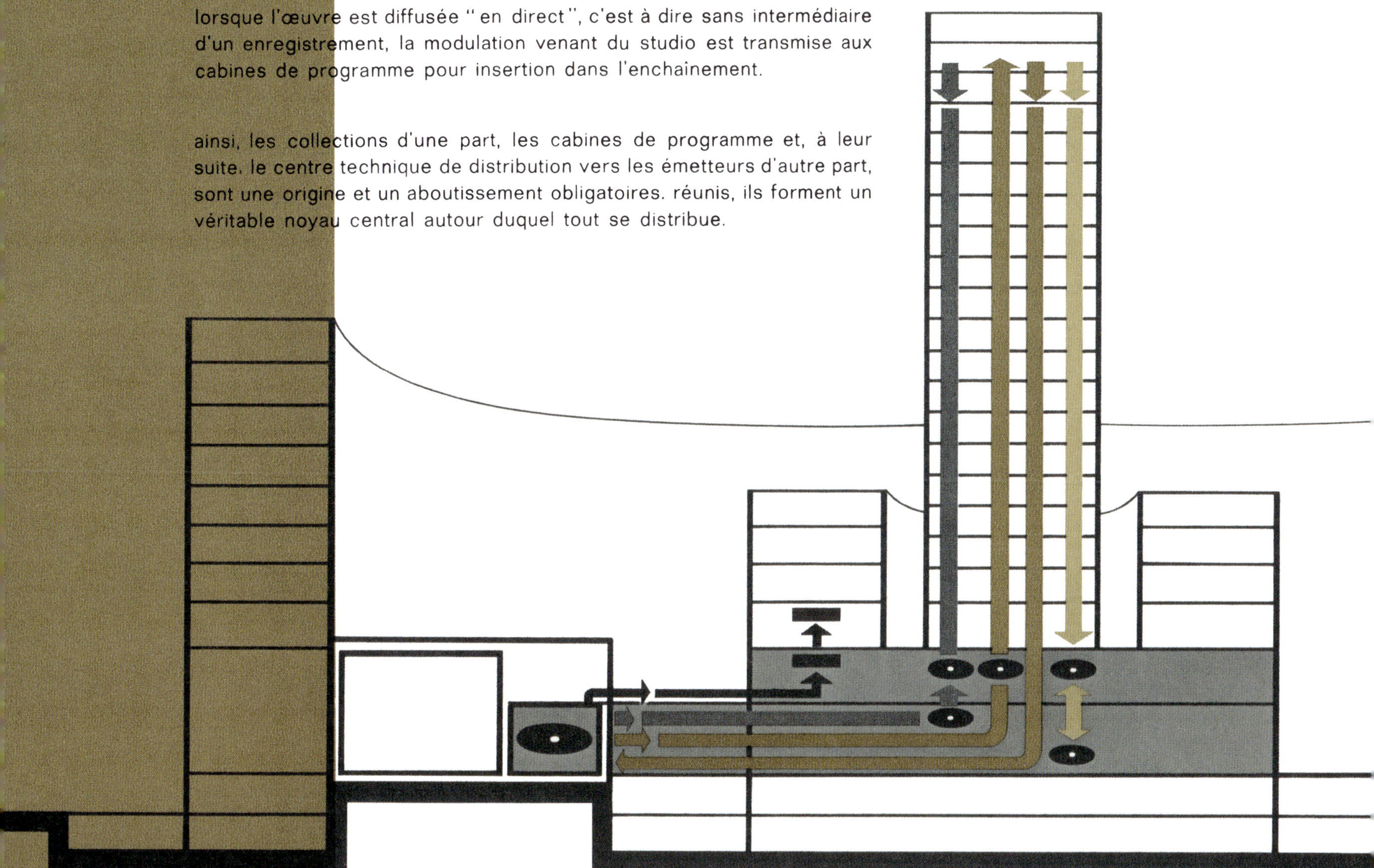

le parti circulaire choisi répond à cette idée directrice, c'est pourquoi le bâtiment comprend :

une couronne circulaire extérieure d'environ 500 mètres de circonférence qui contient :

dans ses niveaux bas, les foyers d'accueil du public et des artistes.

dans ses niveaux supérieurs les installations spécifiques des services d'information d'abord, un millier de bureaux de direction et d'administration ensuite, les cantine, restaurant et services sociaux enfin.

cette couronne forme un écran continu qui protège l'espace intérieur des bruits de la ville.

une couronne intermédiaire basse où trouvent place, comme les rayons d'une roue, les salles publiques et les studios de production artistique.

ceux-ci sont ainsi entièrement séparés du reste de la construction ce qui a permis aisément, pour une très bonne isolation, de faire de chacun d'eux un bâtiment tout à fait indépendant sous une enveloppe de protection commune.

une cour intérieure

une couronne circulaire intérieure d'environ 70 m. de circonférence qui contient :

dans ses niveaux bas, les équipements techniques d'enregistrement, de montage, d'enchainement et de distribution vers les émetteurs.

dans ses niveaux supérieurs, des salles de consultation, de lecture et d'écoute des documents en collection.

une tour centrale rectangulaire où sur 21 étages sont ou seront progressivement emmagasinés quelques 12 millions de disques et de bandes magnétiques.

ainsi conçue, la maison de l'O.R.T.F. offre les moyens les plus appropriés pour :

- la réalisation et la diffusion de quatre programmes pour le territoire métropolitain.
- la réalisation et la diffusion de six programmes distincts simultanés pour les émissions sur ondes courtes à destination des territoires d'outre-mer et des pays étrangers.
- la production, chaque mois, de plusieurs milliers d'enregistrements tant pour les bureaux permanents de l'O.R.T.F. établis dans plusieurs pays que pour les radiodiffusions étrangères dans le cadre des échanges de programmes.
- l'exécution simultanée, en présence du public, de deux grands concerts et de deux spectacles télévisés.

rendez-vous des écrivains, des musiciens, des artistes et d'un public de plus en plus nombreux, la maison de l'O.R.T.F. est aussi un lieu de contact vivant avec l'art d'aujourd'hui.

ses grandes salles, ses foyers publics, sa galerie de visiteurs, ses foyers d'artistes, aménagés par quelques-uns des décorateurs parisiens les plus réputés, associent à une architecture originale des sculptures, mosaïques, peintures et tapisseries dues à quelques grands artistes contemporains.

centre technique de production et siège social par vocation, elle doit aussi être, dans paris, un cadre ouvert à toutes les grandes manifestations culturelles.

le plan

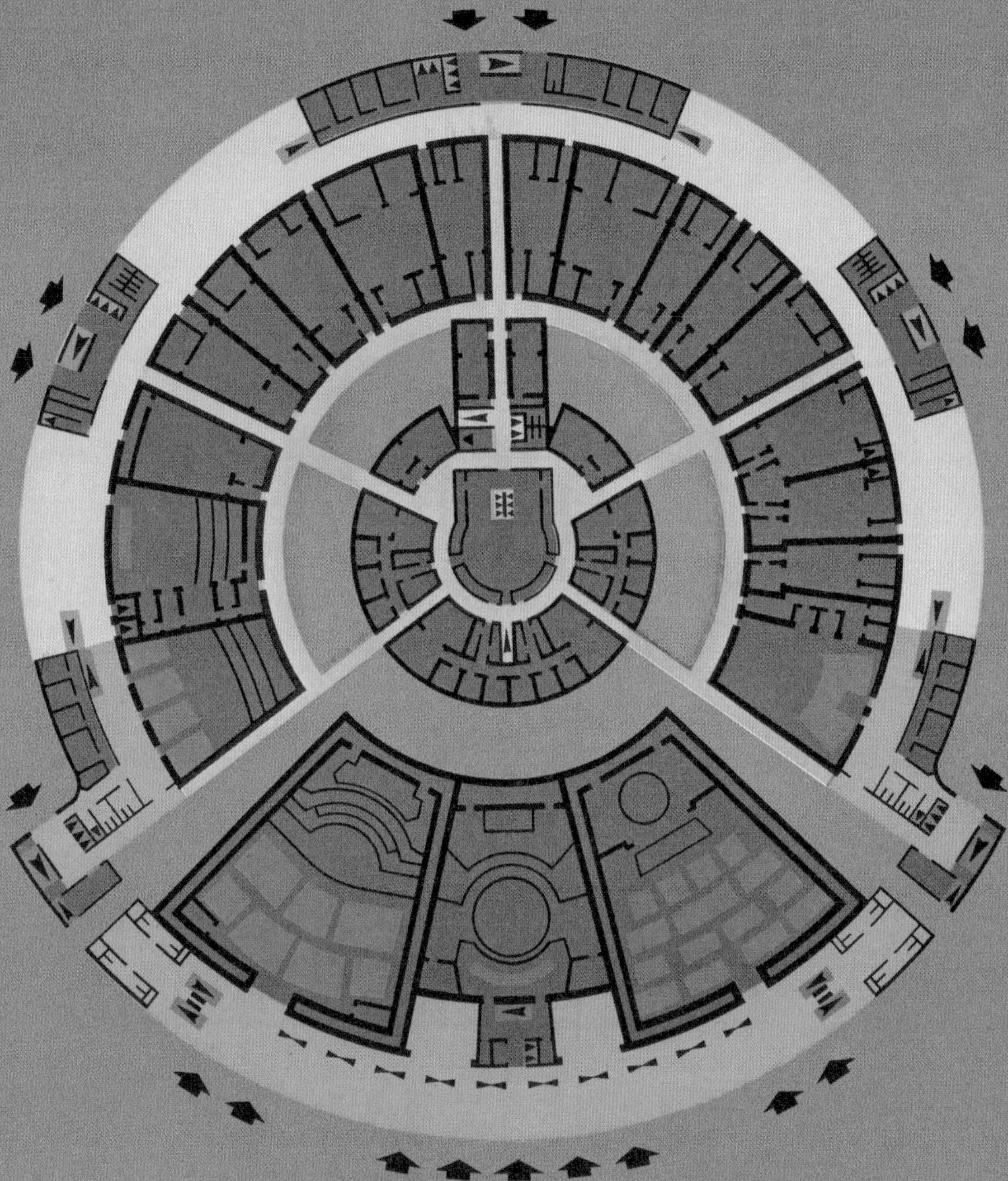

- circulations et foyers du public
- circulations et foyers des artistes
- circulations des techniciens
- circulations verticales

à l'étage des principaux studios

au centre

• la couronne technique à l'étage des cabines de montage et à la base de la tour des collections. la cour intérieure et les circulations des techniciens.

à l'avant

• les grandes salles et foyers publics en façade sur la seine.

à l'arrière

• la couronne des studios principaux : musique, théâtre, variétés ; et leurs cabines techniques. ceinturant l'ensemble , les foyers d'artistes dominant les jardins.

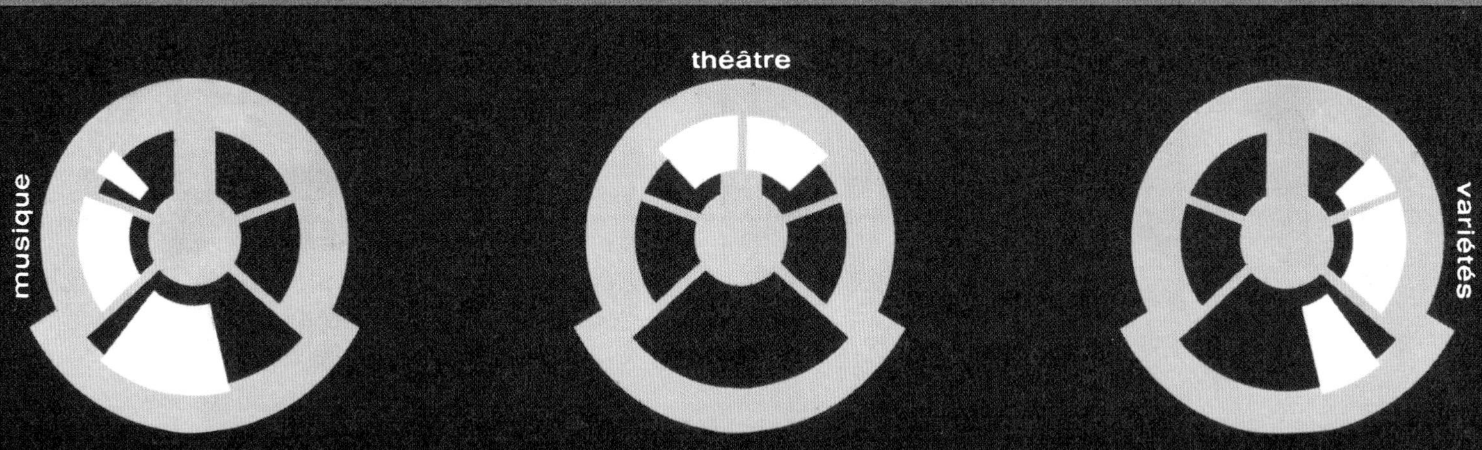

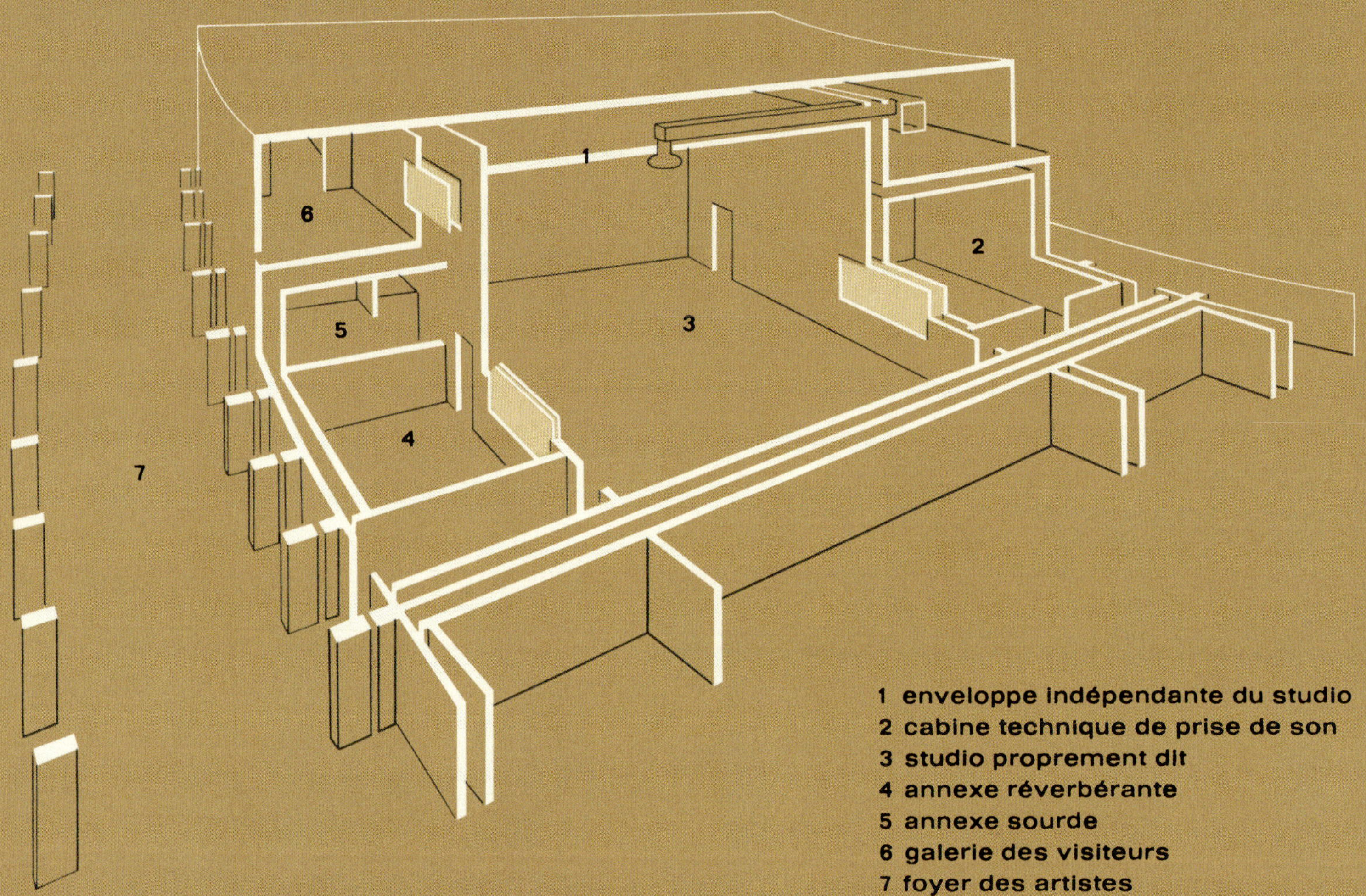

1 enveloppe indépendante du studio
2 cabine technique de prise de son
3 studio proprement dit
4 annexe réverbérante
5 annexe sourde
6 galerie des visiteurs
7 foyer des artistes

la réalisation a mis en jeu toutes les ressources de la technique dans le bâtiment pour la construction et dans l'électronique pour l'équipement radioélectrique.

dans le domaine du gros œuvre, l'utilisation du béton précontraint de façon ingénieuse.

dans le domaine, ici primordial, de l'isolement, la mise en place de tous les studios, si grandes et si lourdes que soient leurs structures, en blocs entièrement indépendants de toute liaison rigide soit avec le sol soit avec les ouvrages voisins.

dans le domaine de l'acoustique, l'appel à toutes les connaissances acquises, complétées par un grand nombre d'études et d'expériences originales.

dans le domaine des équipements thermiques, la conception et l'installation d'une centrale purement thermodynamique unique au monde.

dans le domaine de la métallurgie, la fabrication et la préoxydation de panneaux d'aluminium avec une qualité encore jamais atteinte.

dans le domaine des produits verriers, le coulage, la finition et le montage - par suspension - des glaces les plus hautes du monde.

dans le domaine de l'équipement de prise de son et de l'enregistrement, l'étude et la construction de matériels nouveaux offrant à la fois des possibilités et des facilités d'exploitation très nouvelles, y compris celles que demandera la radiodiffusion en stéréophonie.

dans le domaine de la commutation, l'appel aux avantages qu'apportent aux exigences spécifiques de la radiodiffusion les principes du système "cross-bar".

puissent les images qui suivent être un peu comme l'accueil, dans sa maison, de l'O.R.T.F. à tous ses auditeurs.

l. conturie

salles de concerts et de spectacles

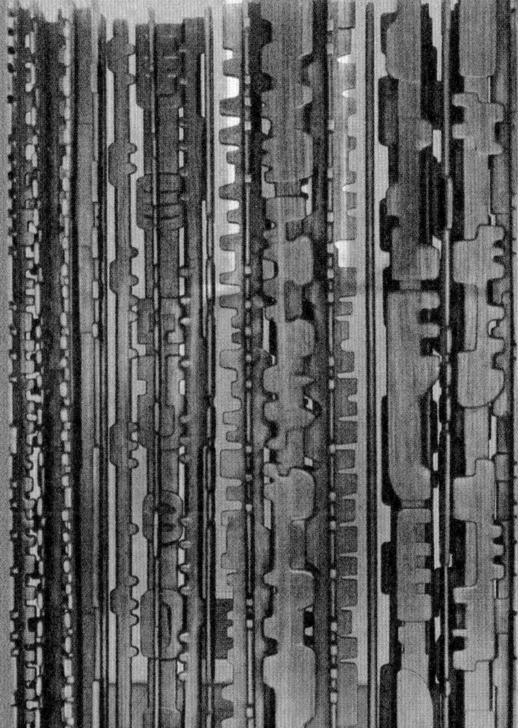

sculptures de françois stahly

parterre basculant

équipement scénique : ponts de lumière et porteuses à décors

salle de spectacles

vue de l'avant scène

conçue pour la télévision, cette salle comporte :

un équipement lumière spécial

un parterre permettant de substituer aux fauteuils d'orchestre un plancher libre pour le déplacement des caméras

vue vers les musiciens

salle de musique

vue en face des musiciens. tapisserie de roger bezombes

vue vers l'orchestre et les grandes orgues

grande salle de concert

vue vers le public. sur les parois, modelés décoratifs de louis leygue, créant des irrégularités de surface nécessaires pour l'acoustique

grand foyer des salles publiques au niveau orchestre

une galerie circulaire réservée aux visiteurs permet de voir un grand nombre de studios sans gêner l'activité des artistes

grand foyer des salles publiques au niveau balcon

galerie des visiteurs

salon d'accueil des visiteurs

après la visite, un comptoir de documentation est à la disposition des visiteurs

studios

fresque de georges mathieu

foyer d'artistes des studios de musique. mosaique de jean bazaine

studio de l'orchestre lyrique

studio de musique 1200 m³

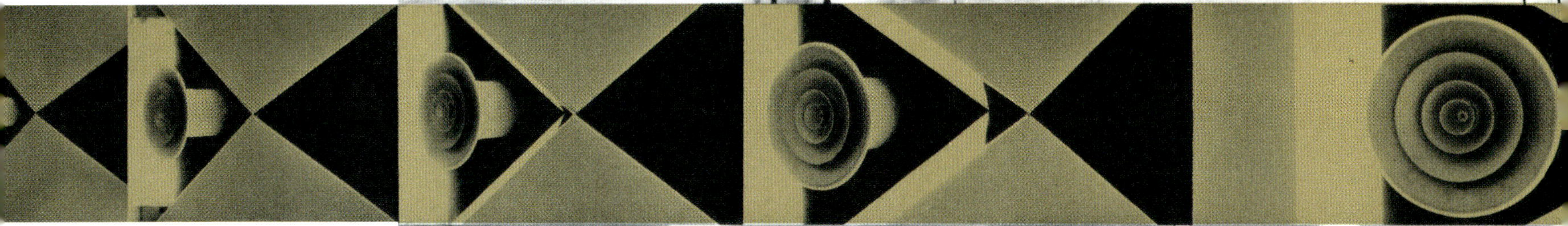

studio de musique 2500 m³

on remarque des agencements utiles pour les effets sonores : en haut : escaliers, fausse fenêtre - en bas, salle sourde, derrière le rideau, pour ambiance de plein air ; salle réverbérante, derrière la baie vitrée, pour ambiance de cathédrale.

studio de théâtre

tapisserie d'alfred manessier

foyers des artistes des studios de théâtre

mosaïque de gustave singier

foyer des artistes des studios de variétés - tapisserie de pierre soulages

une dizaine de salles, à parois lisses réfléchissantes, dont l'acoustique est réglée par des éléments en relief de dimensions variées, permettant des effets spéciaux.

studios de variétés

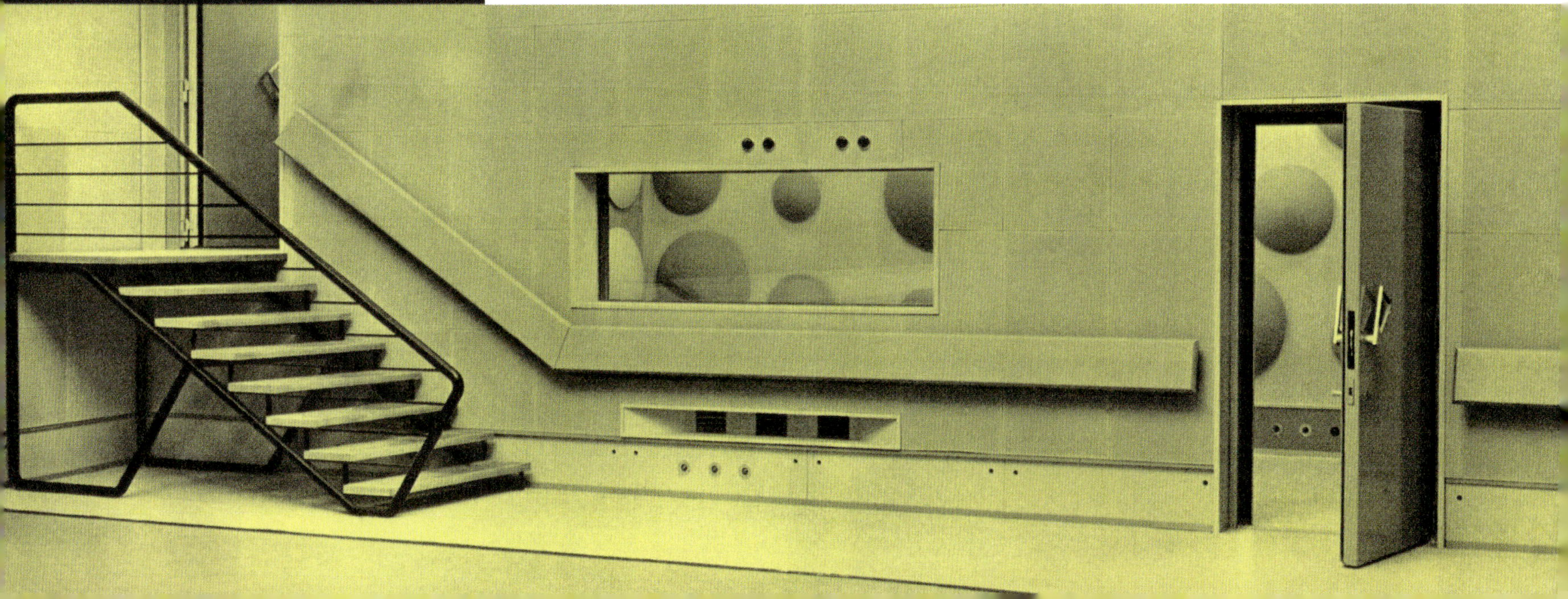

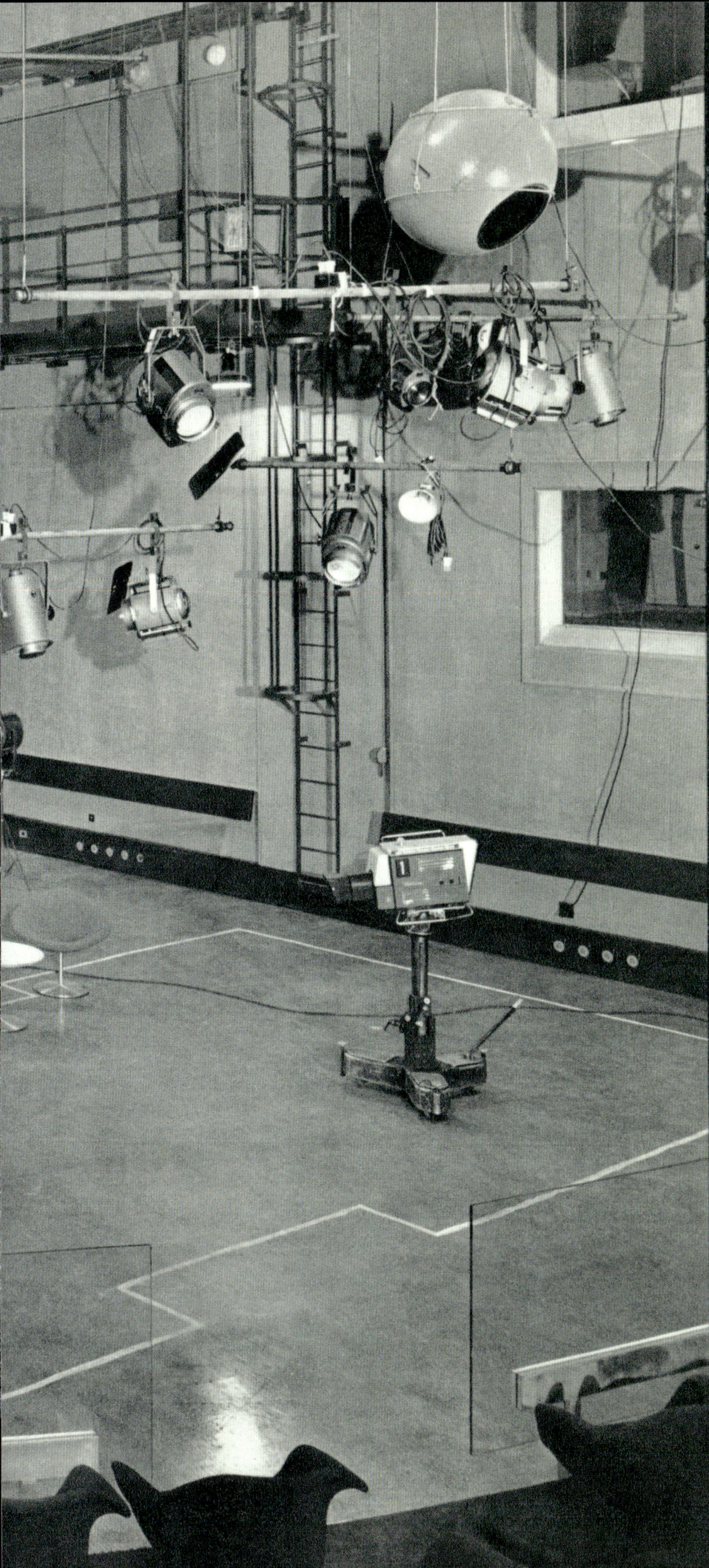

plateau de télévision : au fond, entrée des décors ; à droite, régies de prise de vue et de prise de son ; en haut, grill de manœuvre des projecteurs d'éclairage et des microphones. ce plateau reçoit un public pouvant participer à l'émission.

plateau de télévision : vue de la zone du public

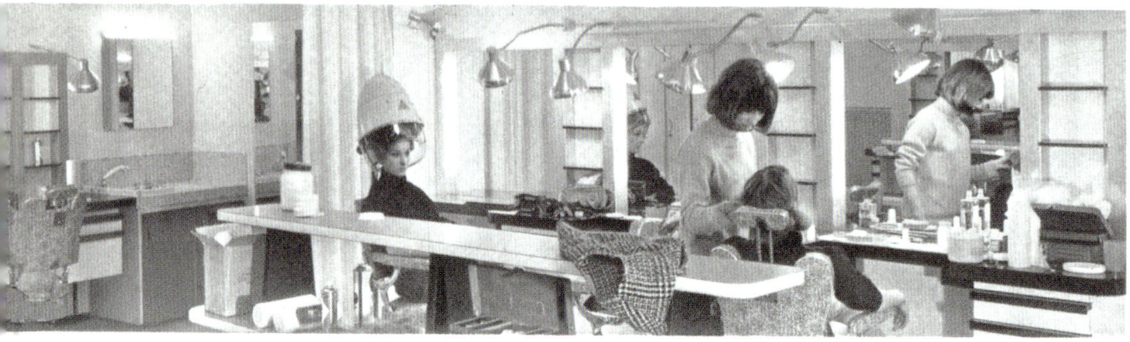

salle de maquillage

équipements techniques

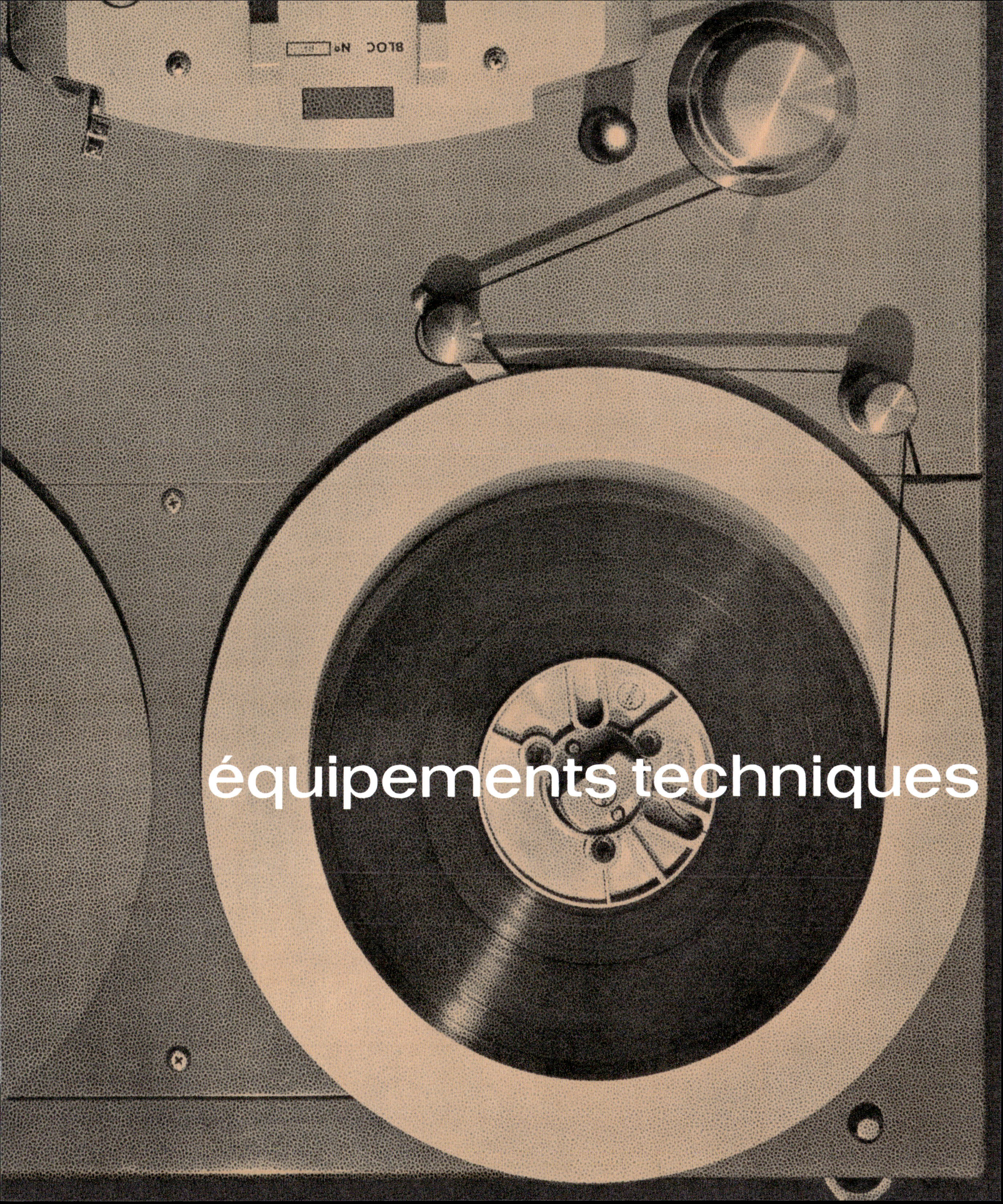

cabine de prise de son

sur la console de mélange, face à la baie de vue vers le studio, divers potentiomètres permettant de prendre, soit successivement soit en surimpression, les sons fournis par les microphones placés dans le studio ou par les enregistrements lus par les tourne-disques, en haut ou par les magnétophones, en bas ils permettent aussi d'en régler les intensités.

console de mélange

cabine de programme : cet équipement permet d'enchaîner les divers éléments de programme, venant soit des studios, soit de l'extérieur, soit de l'étranger, pour assurer sur l'antenne le déroulement d'un programme continu. l'équipement est a deux voies, rigoureusement équilibrées, pour la transmission de programmes stéréophoniques.

centre distributeur des modulations où arrivent, quelles que soient leurs origines, tous les programmes et où ils sont aiguillés vers les différents réseaux d'émetteurs qui les diffusent pour la france ou pour l'étranger.

grilles de préparation des aiguillages

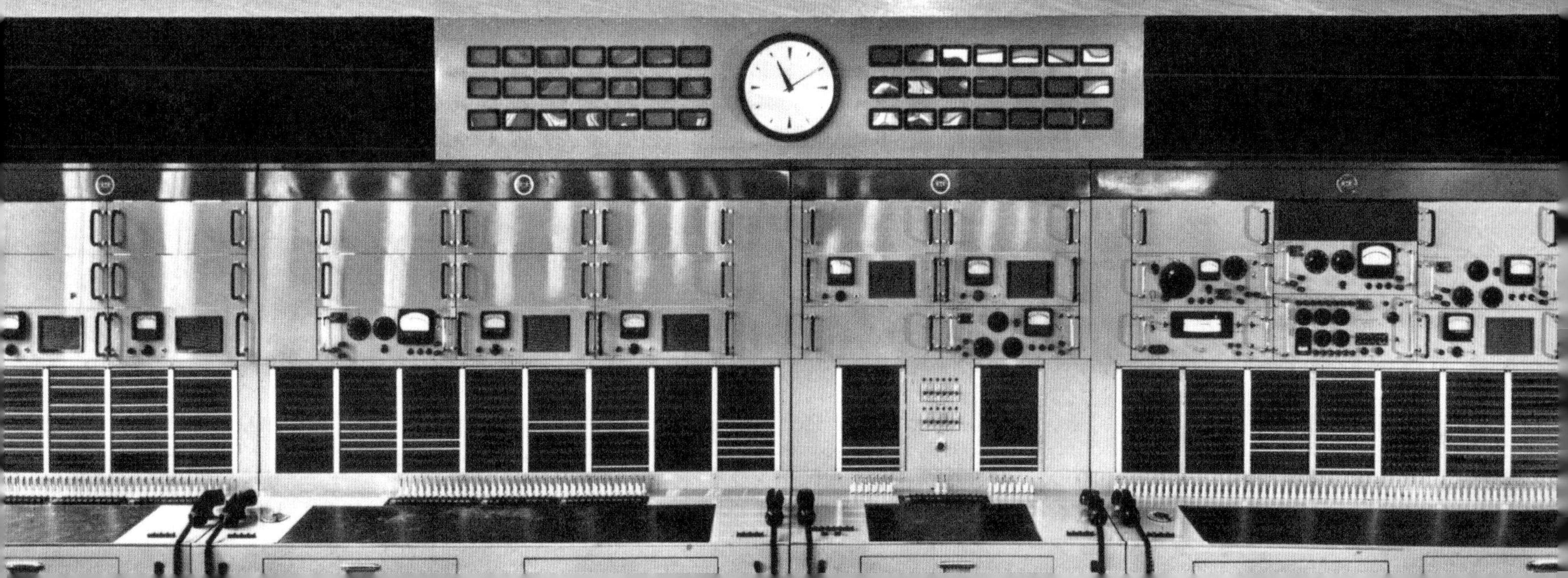

télécinéma

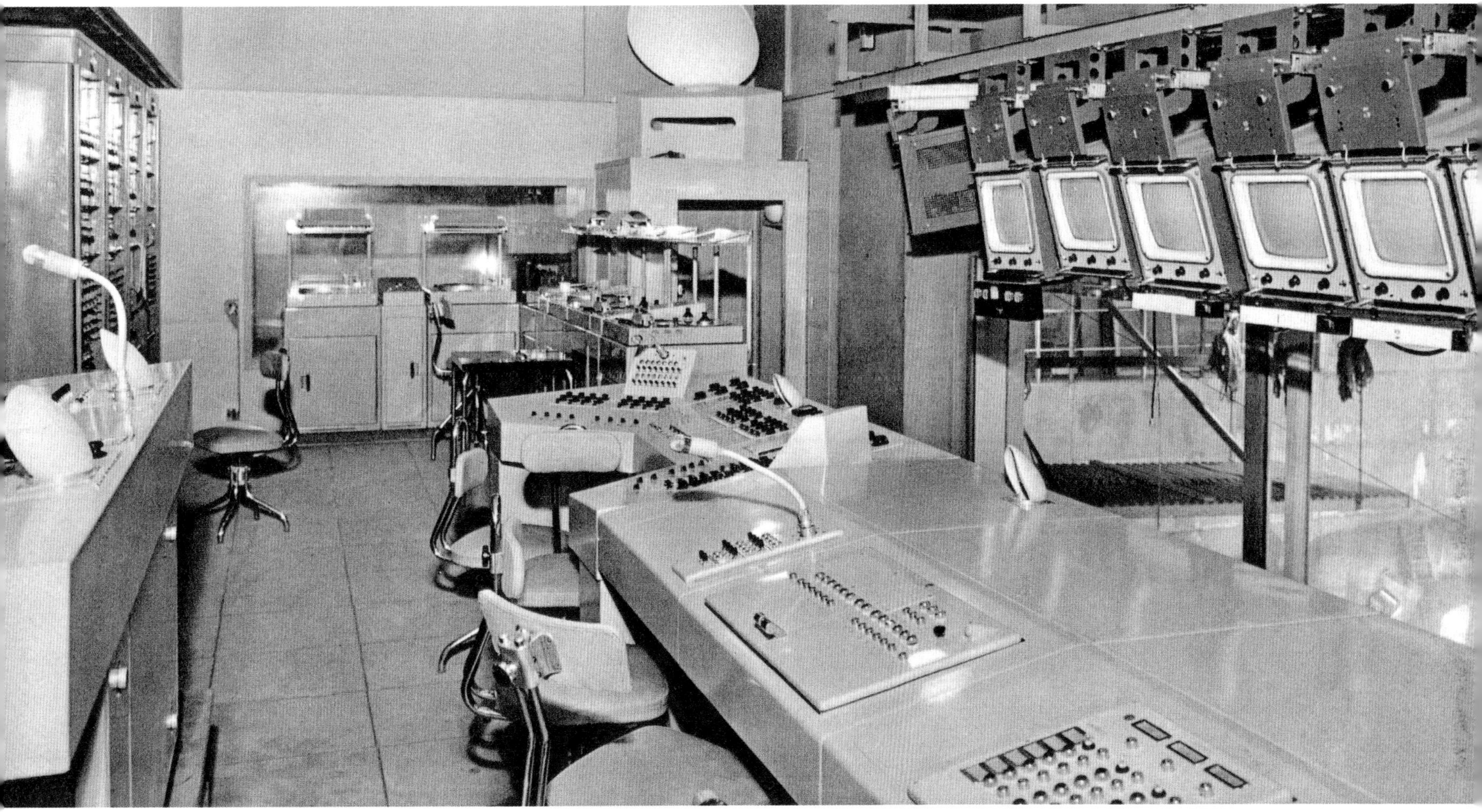

égie de prise de vue

discothèque. les échanges entre les zones de consultation et d'écoute et la tour-magasin se font par six monte-charge à déchargement automatique.

administration

salle de conférences

salle de conférences

au fond :
baie
des cabines
d'interprétation
simultanée.

terrasse vers l'intérieur

hall d'attente des salles de conférences

salon d'attente de la direction générale

salle de réunion de la direction générale

bureau du directeur général

bureau courant

services de caisse

équipement mécanographique

équipements sociaux

self service

cuisine

restaurant

grande salle à manger du personnel

bar, tapisserie de mathieu matégot

banque

disquaire

bureau de poste

services généraux

positions d'exploitation

téléphone

autocommutateur à 4000 lignes

équipements thermiques

centrale thermodynamique · pompe d'extraction d'eau fournie par un forage à 550 mètres de profondeur

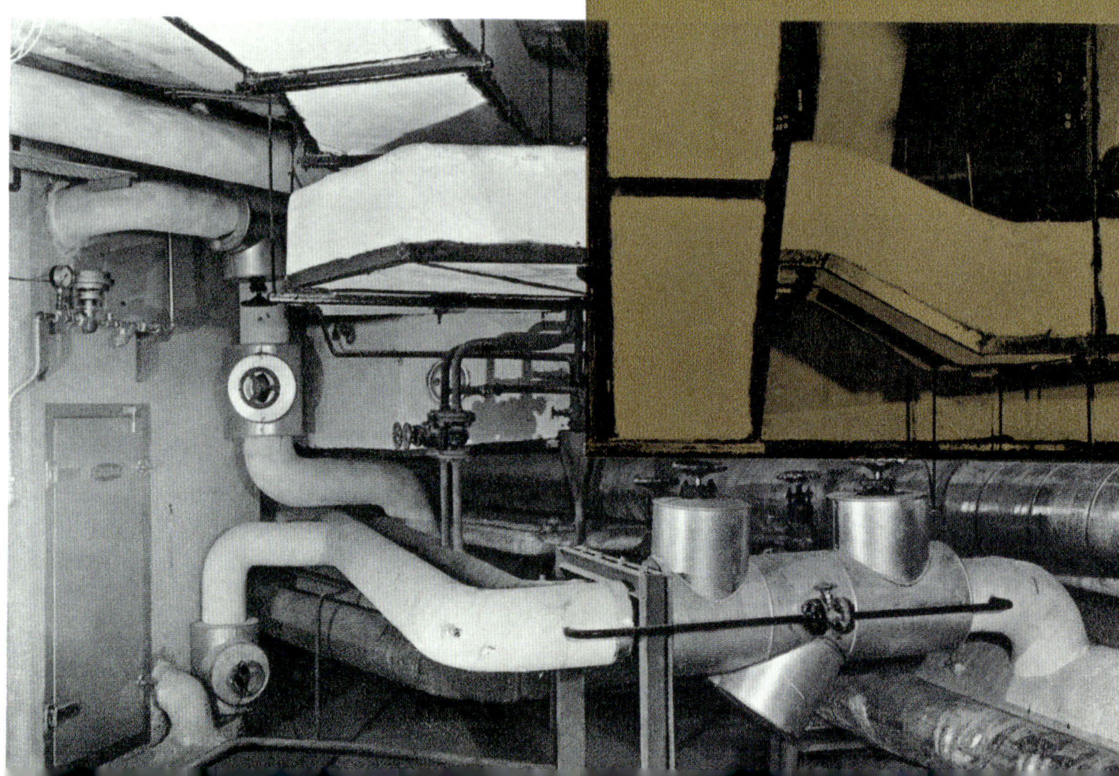

une des 17 centrales secondaires de conditionnement d'air

salle des compresseurs

tableau de contrôle

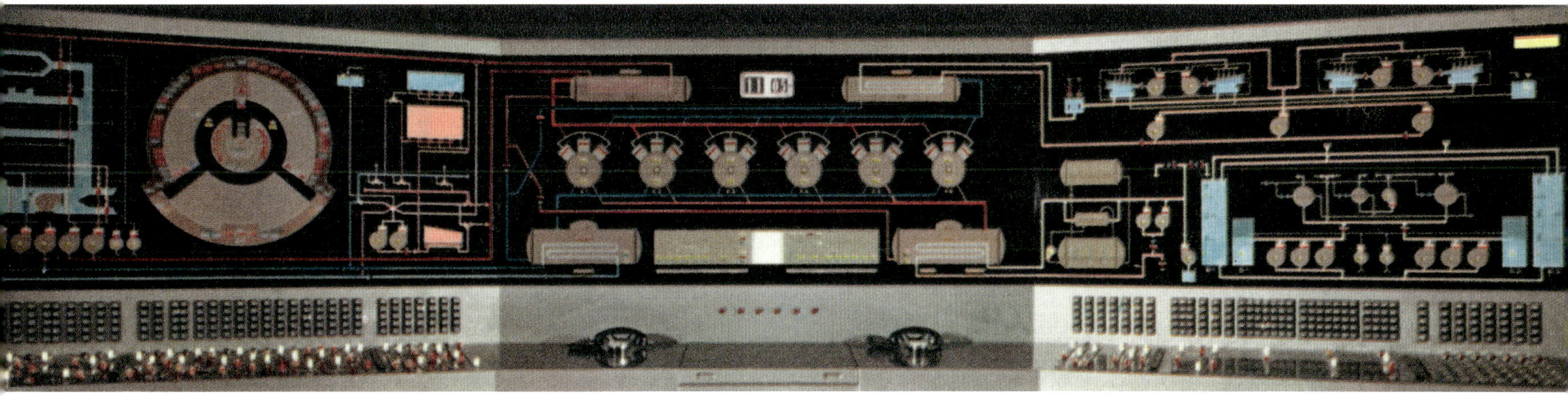

centre de distribution

alimentation en énergie

cabine de haute tension

maître d'ouvrage

cette maison a été conçue - monsieur **wladimir porché** étant directeur général - et réalisée avec le concours de :

l. conturie, ingénieur général des télécommunications
h. testemale, ingénieur en chef
a. roche, ingénieur en chef
m. razavet, architecte
l. chatenay, ingénieur en chef
c. touzeau, ingénieur en chef
m. brion ingénieur en chef
et leurs collaborateurs

décorateurs

rené-jean cayette ■ pierre cruège ■ jacques dumond ■ antoine philipon & jacqueline lecoq
mathieu mategot ■ jean-andré motte ■ pierre paulin ■ jacques georges thual

travaux

terrassement . . . . entreprises deschiron ■ a. moser
forage . . . . sté cofor
fondations . . . . entreprise froment clavier
les grands travaux de france et d'outre mer
gros œuvre - béton armé - maçonnerie . . . . sté nouvelle de constructions et de travaux
éts fourré & rhodes ■ sainrapt & brice
office central d'entreprises
charpente métallique . . . . compagnie française d'entreprise
façades aluminium . . . . sté de construction aéro-navales du port neuf
entreprise luchaire ■ sté cégédur
l'aluminium français
menuiseries métalliques . . . . éts schwartz hautmont ■ entreprise voyer & cie
façades mosaïques . . . . c.o.c.e.r.
étanchéité . . . . entreprise viturat ■ sté seaso
cloisons métalliques . . . . éts baudet donon roussel
plomberie . . . . entreprise sanceau ■ guiod ■ mandleur & dolbeau
chauffage & conditionnement . . . . éts brissonneau & york ■ entreprise carrier
éts tunzini
électricité . . . . éts j. verger & delporte
sté gle d'installation électriques
éts merlin & guerin ■ sté ferrer & auran
appareillage électrique . . . . sté alsacienne de constructions mécaniques (diesels)
sté b.a.g. (fourniture appareils d'éclairage)
sté claude paz et visseaux (fourniture tubes fluorescents)
ascenseurs - monte charge . . . . stés ascinter ■ c.g.a.m.

matériel d'équipement

sté alcatel ■ sté elcom ■ laboratoire général des télécommunications ■ sté lie-belin ■ compagnie française thomson-houston ■ compagnie générale de télégraphie sans fil ■ compagnie générale de constructions téléphoniques ■ compagnie industrielle des téléphones

maître d'œuvre

h. bernard,
1er grand prix de rome, architecte en chef
j. lhuillier, architecte adjoint
e. et j. niermans,
1er grand prix de rome architecte chargé des grandes salles
g. sibelle, architecte
et leurs collaborateurs

artistes

jean bazaine ■ roger bezombes ■ louis leygue ■ alfred manessier ■ georges mathieu
gustave singier ■ pierre soulages ■ françois stahly

revêtements de sols	entreprises cottin jonneaux ■ boulenger sté les constructions modernes
parquets	entreprises bernet ■ avale
revêtements d'escaliers	sté c.o.c.e.r. (granito) entreprise e. angeli & fils (lithograni)
serrurerie	sté pourteau ■ entreprise voyer & cie
staff	entreprise bienvenu ■ sté staglon éts germain & cie
menuiserie agencements revêtements acoustiques	entreprise cognon & fils ■ stés charron ■ dennery entreprise jacksor ■ stés s.i.a.b. ■ marc simon sté sigeac ■ entreprise duhesme
miroiterie	sté miroiterie de lutèce
ferronnerie	éts borderel & robert ■ paquet-fontaine éts g. poillerat ■ max ingrand
peinture	entreprises richard ■ laurent ■ lengaigne ■ nourrissat
équipement scénique	éts tisserand
électricité de scène	entreprise somodel & parscot
orgues	éts gonzalès ■ muller
détection d'incendie	sté sicli
pendules	entreprise lepaute
grande cuisine	stés guglielmoni ■ hydrotechnic ■ t.a.c. stés samef ■ vapor
mobilier	stés d.m.u. ■ quinette ■ arts & forme ■ steiner ■ airborne sté artifort france ■ entreprise morève ■ sté forges de strasbourg

éts mole richardson ■ sté des téléphones picart-lebas ■ éts tolana ■ sté artistique française
sté lignes téléphoniques et télégraphiques ■ éts ellipson ■ éts bourdereau ■ éts portenseigne
éts lita ■ sté hortson ■ éts philips ■ éts sofair-adb ■ laboratoire électro acoustique

édité par le service de presse de l'o.r.t.f. - couverture et mise en page de gérard lussau photos o.r.t.f. norbert perreau - réalisation ponthieu s.a. - imprimé par georges lang - paris

La photogravure a été réalisée par Colorway, Lomme.
Cet ouvrage a été achevé d'imprimer sur les presses de ReBus (Italie) en octobre 2013.